알기 쉬운
장외 파생 상품
강의

알기 쉬운 장외 파생 상품 강의

신한은행 금융공학센터 지음

한나래플러스

알기 쉬운
장외 파생 상품 강의

지은이 | 신한은행 금융공학센터
펴낸이 | 한기철
편집인 | 이리라
편집 | 노우정, 이지은
마케팅 | 조광재

2010년 8월 20일 1판 1쇄 펴냄
2013년 2월 20일 1판 3쇄 펴냄

펴낸 곳 | 한나래출판사
등록 | 1991. 2. 25. 제22–80호
주소 | 서울시 마포구 합정동 월드컵로3길 39(합정동 388-28) 합정빌딩 2층
전화 | 02) 738–5637 | 팩스 02) 363–5637 | e–mail hannarae91@naver.com
www.hannarae.net

ⓒ 2010 신한은행 금융공학센터
Published by Hannarae Publishing Co.
Printed in Seoul

CONTENTS

PART 3. 알기 쉬운 주식 파생 상품

PART 4. 알기 쉬운 신용 파생 상품

PART 5. 알기 쉬운 상품 파생 상품

PART 6. 알기 쉬운 파생 상품 가격 결정 이론

이 책을 출간하며

파생 상품 거래는 1848년 시카고 상품거래소에서 농산물 가격의 변동 위험을 회피할 목적으로 출발하였으나, 금융공학과 같은 다양한 첨단 금융 기법의 발전을 계기로 주가, 금리, 환율 등 금융 상품으로 그 영역이 확대되었습니다.

2010년 5월에 발표된 국제결제은행(BIS) 자료에 따르면 1990년대 초 3.5조 달러에 불과하던 세계 파생 상품 시장 규모는 2009년 말 현재 614조 달러에 이를 정도로 비약적 성장을 하였으며, 이는 전 세계 GDP의 10배에 달하는 금액입니다.

우리나라 파생 상품 시장도 지난 1996년 주가 지수 선물 시장이 개설된 이후 지속적인 발전을 거듭하여 2010년 5월 기준 코스피 200 지수 옵션 시장 거래량은 세계 1위, 주가 지수 선물 시장 거래량 역시 세계 5위를 기록할 정도로 세계 파생 상품 시장의 발전을 선도하고 있습니다.

이와 같이 폭발적인 성장을 기록한 파생 상품은 양날의 칼과 같아서, 어떻게 사용하느냐에 따라 매우 유용한 수단이 되기도 하고 큰 위험을 초래하기도 합니다.

그러나 파생 상품 시장의 비약적 성장에서 보듯이 금융 시장 발전에 파생 상품은 이제 없어서는 안 될 필수적인 상품이고 우리의 생활에도 밀접하게 관련이 되어 있습니다. 따라서 파생 상품에 대한 이해는 다양한 금융 거래가 일상화된 현대 금융 시장을 이해하는 데 빼놓을 수 없는 분야라 할 수 있습니다.

하지만 일반 독자뿐만 아니라 금융인에게조차 파생 상품은 아직 생소하고 어렵게 느껴지는 것이 사실이며, 또한 시중에 출간된 관련 서적들은 전문가를 대상으로 한 책들이 대부분입니다.

당초 이 책은 신한은행 임직원의 파생 상품에 대한 심화 연구를 목적으로 한 자료로부터 시작되었습니다. 이후 내용을 보완하고 알기 쉽게 설명을 추가하여 일반 독자 여러분과 함께 나누고자 발간하게 되었습니다.

아무쪼록 이 책을 통하여 독자 여러분의 파생 상품에 대한 이해를 증진시키고 금융 자산 관리와 리스크 관리에 도움이 되길 기원합니다.

마지막으로 이 책이 세상에 나오기까지 수고를 아끼지 않은 금융 공학센터 직원 여러분의 노고에 깊은 감사를 드립니다.

2010년 7월

신한은행장 李 伯 淳

프 롤 로 그
PROLOGUE

≪알기 쉬운 장외 파생 상품 강의≫는 금융 기관 종사자, 기업체 재무 관리자, 혹은 금융 상품 투자자 등 파생 상품 설계 및 운용을 직접 담당하고 있지 않으나, 장외 파생 상품에 대한 폭넓은 이해를 필요로 하는 독자와 고객을 대상으로 기획하였습니다. 시중에는 파생 상품에 대한 전문 서적이 넘쳐나고 있지만 은행권을 중심으로 거래가 이루어지는 장외 파생 상품에 대해 실무적으로 접근한 책을 접하기가 쉽지 않습니다.

장외 파생 상품은 거래소에서 거래가 이루어지는 정형화된 장내 파생 상품과는 달리 표준화 되지 않은 비정형 상품의 거래가 가능하고, 일 대 일 계약 방식에 의해 수요자에게 최적화된 상품을 설계,

제공할 수 있는 장점이 있습니다. 반면, 전반적인 실무 지식이 확보되지 않을 경우 거래시 상품의 구조를 정확히 인식하는 데 어려움을 겪을 수 있습니다.

아무쪼록 이 책이 장외 파생 상품의 특성과 리스크를 실무적으로 이해하시는 데 조금이나마 보탬이 될 수 있으면 좋겠습니다. 마지막으로 신한은행 금융공학센터 전 직원 60여 명을 대표하기에는 부족하지만 대신해서 이 책을 출간할 수 있는 기회를 가지게 된 점 감사 드립니다.

홍승모, 이수정, 이정훈, 김신영, 함태규, 정헌재 올림

PART 1.

알기 쉬운
통화 파생 상품

01 Chapter

파생 상품이란?

> '파생 상품' 하면 어렵다는 생각부터 듭니다.
>
> 이상한 공식에 복잡한 그래프…… 엄두가 나질 않네요.
>
> "기본적인 개념과 활용만 알아도 전문가 못지않습니다. 하루 한 장씩 5분만
> 시간을 내주세요."

파생 상품의 정의

파생 상품(derivatives, 派生商品)이란 주식과 채권, 금, 원유 등 가격이 존재하는 자산(기초 자산)을 기초로 하면서 새로운 현금 흐름을 가져다주는 상품을 말합니다. 즉 통화나 금리, 주식이라는 기초 자산에서 새롭게 파생되어 생긴 상품으로, 이는 '派生,' 'derive'라는 단어를 보아도 알 수 있습니다.

따라서 기초 자산의 종류 및 특성, 파생되는 구조 및 방법에 대한 원리만 알면 파생 상품을 쉽게 이해할 수 있습니다.

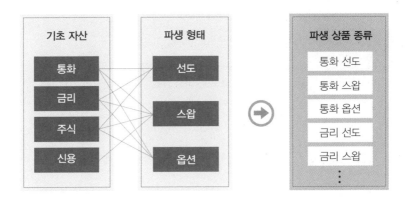

파생 상품의 거래 목적은?

　파생 상품 거래는 크게 헤지 목적 거래와 투기 목적 거래로 나뉩니다. 자본시장법 시행 이후 일반 고객을 상대로 거래되는 파생 상품은 헤지 목적으로 거래되므로, 헤지 목적의 파생 상품 거래를 가정해 살펴봅시다.

3개월 후 10만 달러를 송금해야 하는 수입 업체

3개월 후에 달러가 비싸질 것을 우려하는 고객이라면, '통화(USD)'를 기초로 하는 파생 상품 고려: 통화 선도/통화 옵션 거래

CD 변동 금리부 대출을 받은 고객

CD 금리가 올라 대출 금리 상승을 우려하는 고객이라면, '금리(CD 금리)'를 기초로 하는 파생 상품 고려: 금리 스왑 거래

해외로부터 구리를 수입하여 가공하는 업체

··

원료인 구리의 가격이 올라 생산 단가 상승을 우려하는 고객이라면,
'상품(구리)'을 기초로 하는 파생 상품 고려: 상품 구리 선도 거래

앞으로 내용은 파생 상품 기초 자산 순서대로 진행됩니다.

투자자 보호를 강조하는 자본시장법 지난 2009년 1월 7일 국회 정무위원회에서 의결된 '자본시장과 금융투자업에 관한 법률'(이하 자본시장법) 개정안은 2009년 1월 13일 국회 본회의를 통과하여 2009년 2월 4일 발효되었다. 금융투자업 상호 간 겸영 허용, 포괄주의 규제로 전환, 투자자 보호 확대, 증권사에 대한 지급 결제 업무 허용을 주요 내용으로 하는 자본시장법 논의는 본래 골드만삭스나 BOA와 같은 글로벌 대형 금융 회사를 육성할 목적으로 시작되었다. 그러나 2009년 리먼 사태와 함께 냉각된 금융 시장과 당시 KIKO(키코) 등 파생 상품 관련 소송 영향으로, 당초의 글로벌 대형 금융 기관을 키우겠다는 목적보다는 투자자 보호에 좀 더 주안점을 두어 시행되었다.

이로써 금융 상품을 판매하는 금융 기관은 보다 더 철저히 고객에게 설명해야 하는 의무를 지게 되었고, 고객은 본인의 투자 성향 및 거래 목적을 고려하여 거래를 할 수 있도록 하는 서류 제출 및 여러 절차를 따라야 하는 의무를 지게 되었다. 이에 따라 장외 파생 금융 상품 거래 역시, 전문 투자자(전문성 구비 여부, 소유 자산 규모 등에 비추어 투자에 따른 위험 감수 능력이 있는 자로서 은행, 증권사 등 금융 기관 등으로 자본시장법에 규정되어 있음)를 제외한 일반 기업 및 개인 투자자들은 투기 목적이 아닌 헤지 목적에 한하여 거래가 가능하게 되었다.

02 Chapter

어떤 경우에
파생 상품을?

파생 상품 거래는 언제 하게 되는지……

파생 상품 하면 왠지 위험한 상품인 것 같은 느낌이 듭니다. 투기 아닌가요?

"대고객 파생 상품 거래는 일반적으로 헤지 목적인 경우에 한하여, 거래가
이루어집니다."

헤지 목적 거래

헤지 목적 거래란, 현재 보유한 자산의 미래 가격 변동을 피하
기 위해 행하는 거래입니다. 가격 변동을 포함한 변동성은 향후 시
장 상황에 따라 자산을 보유한 고객에게 이익이 될 수도, 손해가 될
수도 있다는 것을 의미합니다. 만약 고객이 이러한 불확실성에 대
한 두려움을 제거하고 싶어 한다면, 파생 상품을 이용하여 이를 피
할 수 있습니다.이 고객은 3개월 후에 10만 달러를 구입해야 합니
다. 즉 환율이 오르면 손해를 보게 됩니다.

3개월 후 10만 달러를 송금해야 하는 수입 업체

"3개월 후에 달러를 사야 하는데, 환율이 오를까 봐 걱정입니다. 방법이 없을까요?"

● 환율 변동에 따른 고객 손익

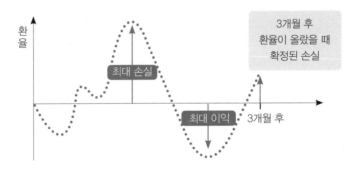

환율이 크게 변하지 않으면 이익과 손해도 얼마 나지 않겠지만, 환율이 급등한다면 손실이 기업에게 부담이 될 수 있습니다. 결국 이익을 볼 수도 손해를 볼 수도 있지만 안정적인 경상 수익을 유지하고 싶은 고객이라면 헤지 거래를 해야 합니다.

이 경우 고객에게 어떤 제안을 할 수 있을까요?

첫째, 외화 통장을 만들어 지금 10만 달러를 구입하고 3개월 후 구입한 이 달러로 송금하면 됩니다. 그러나 고객은 달러를 살 원화 금액이 당장 필요합니다.

둘째, 만약 지금 돈이 없거나 자금 마련이 부담스럽다면 다음과 같은 파생 상품을 이용해 헤지할 수 있습니다.

{ ① 기초 자산: 통화 (10만 달러) } 통화 선물/
{ ② 파생 형태: 환율이 오를 때 수익이 나는 구조 } 통화 옵션 추천 가능

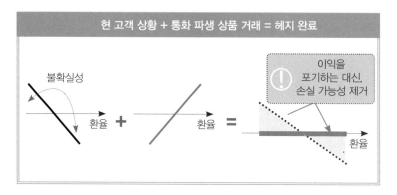

다음 장에서는 위에서 제안한 솔루션 중 하나인 '통화 선도 거래'에 대해 알아봅니다.

03 Chapter

선물환이란?

실제 실무에서 가장 자주 거래되는 파생 상품이 궁금합니다.
선물환 거래가 자주 일어난다던데……
"맞습니다. 선물환 거래는 가장 활발히 거래가 이루어지고 있는 기초 파생
상품입니다."

선물환? 통화 선도?

파생 상품은 기초 자산과 파생 형태에 따라 구분할 수 있습니다. 선물환이란 통화(煥)를 기초 자산으로 하고, '선도'의 손익 구조를 가지는 거래입니다.

선도 거래란 미래 특정 시점에 특정 가격으로 사거나 파는 거래이므로, 통화 선도(선물환) 거래는 일정 물량의 통화(USD, JPY, EUR 등)를 미래 특정 시점(만기일)에 특정 환율(선도 환율)로 사거나 파는(매입/매도) 계약을 말합니다.

선물환의 손익 구조

선물환을 이용해 헤지를 하기 위해서는, 선물환이 어떤 손익 구조를 갖는지 먼저 알아야 합니다.

1. 매입 선물환: USD 10만 달러를 3개월 후에 1,250원으로 매입하는 계약

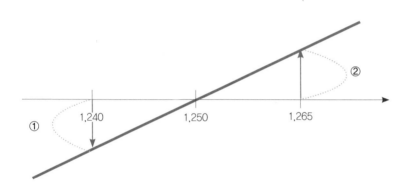

① 만약, 3개월 후 환율이 1,240원이 되었다면?

이미 1,250원에 사기로 해놓았기 때문에, 고객은 시장에서 1,240원에 못 사고 선물환 계약에 따라 1,250원에 사야 함.

▶ **1달러당 10원(= 1,240–1,250) × 10만 달러 = –100만 원**

② 만약, 3개월 후 환율이 1,265원이 되었다면?

이미 1,250원에 사기로 해놓았기 때문에, 고객은 USD 1달러당

15원(= 1,265 − 1,250)을 싸게 살 수 있으니 이익.

> ▶1달러당 15원 X 10만 달러 = + 150만 원

2. 매도 선물환: USD 10만 달러를 3개월 후에 1,247원으로 매도하는
계약

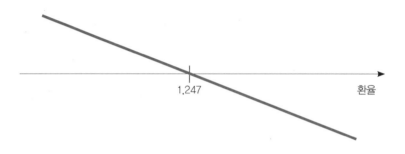

당연히 매도 선물환은 매입 선물환과 반대 손익 구조를 가지며,

> • 만기일에 환율이 선도 환율보다 내려가면 → 이익
> • 만기일에 환율이 선도 환율보다 올라가면 → 손해

선도 거래가 가장 간단하고 기초인 것은, 바로 위와 같이 대칭적
인 손익 구조를 가지고 있기 때문입니다.

그렇다면 미래에 사고파는 선도 환율을 어떻게 정해지는 걸까
요? 다음 장에 계속됩니다.

TIP

선물과 선도? 통화 선물과 통화 선도, 모두 거래 구조나 손익 그래프는 동일

하다. 그럼 차이점은 뭘까? 거래되는 장소가 다르다. 통화 선물은 선물거래소

에서 거래되는 장내 거래이지만, 통화 선도는 거래소 없이 은행과 딜러 사이에

유선이나 메신저로 거래되는 장외 거래이다.

따라서 통화 선물은, 거래소에서 불특정 다수와 거래되기 위해 거래 단위, 거

래 만기 등 표준화된 거래 조건이 정해져 있기 마련인 반면, 1:1로 거래되는

통화 선도는 각자의 니즈에 맞추어 거래 단위, 거래 만기를 자유로이 정할 수

있다는 차이점이 있다

선물환 가격

선물환 가격은 어떻게 정해지는지 궁금합니다.

미래 가격인 선물환 가격은 현재 환율과 다를 텐데…… 어떻게 정해지죠?

"모든 금융 상품이 그러하듯, 선물환 가격 역시 시장에서 공정하게 정해집니다."

공정한 가격

선물환 거래는 (1) 일정 물량의 통화(USD, JPY, EUR 등)를 (2) 미래 특정 시점(만기일)에 (3) 특정 환율(선도 환율)로 (4) 사거나 파는(매입/매도) 계약을 맺습니다. 이 네 가지 중에 (1), (2), (4)는 고객이 정하는 것이지만, (3) 선도 환율은 시장에서 공정하게 정해지는 가격입니다.

1년 후 8만 달러를 수입 결제해야 하는 A고객과 B고객의 예를 들어 선물환 가격 결정에 대해 알아봅니다.

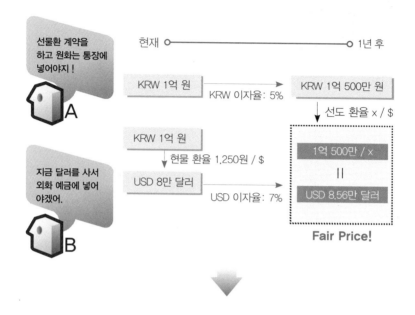

① KRW 1억 원 × (1 + 5% × 365/365) / 선도 환율 =

② (KRW 1억 원/1,250원/$) × (1 + 7% × 365/360)

① A고객이 1억 원을 5%짜리 원화 예금에 넣은 뒤, 1년 후에 찾은 원화 금액을 대가로 이미 계약된 선도 환율에 의해 받는 달러 금액
② B고객이 1억 원으로 8만 달러를 먼저 사놓은 다음, 7%짜리 외화 예금에 넣은 뒤 1년 후에 찾은 달러 금액

결국, 선도 환율은 A고객과 B고객을 공정하게 만들어 주는 이론 가격(1,225.52원)을 갖게 됩니다. 하지만 실제로 시장에서 선물환 거래가 되다 보면 달러 수요와 공급에 따라 이론 가격과 다른 시장 가격이 형성된다는 점을 참고 바랍니다.

선물환 이론 가격 결정식

따라서 아래 선물환 이론 가격 결정식은 위의 내용을 식으로 정리한 것에 불과합니다.

$$\text{선도 환율} = \text{현물 환율} \times \frac{1 + \text{비교 통화 (KRW) 금리} \times \text{일수} / 365}{1 + \text{기준 통화 (USD) 금리} \times \text{일수} / 360}$$

공식이 있기는 하지만, 위에 예시된 상황과 이자율 시장을 연결하여 이해하는 것이 중요합니다. 이번 장에서는 기준 통화인 달러의 금리가 우리나라 원화의 금리보다 낮다면, 이론상으로는 선물 환율이 현물 환율보다 높아야 한다는 것을 이해하면 됩니다.

다음 장에서는 선물환 활용에 있어 가장 중요한 '선물환을 이용한 헤지'에 대해 알아봅니다.

TIP

스왑 포인트로 달러 자금 상황을 알 수 있다? 스왑 포인트(swap point), 즉 선물환 가격은 기본적으로 양국의 이자율 차이가 반영되어 결정되는 것이 사실이다. 그러나 실제로 스왑 포인트 역시 시장에서 거래가 되고 있어 이론적으로 계산되는 가격과 조금 차이를 보일 수 있다. 즉 시장에서 거래되는 수요와 공급, 수급의 차이가 스왑 포인트 시장 가격에 반영되곤 한다.

그럼 스왑 포인트에 영향을 주는 수급이란 어떤 것에 대한 수요와 공급일까? 바로 달러 자금에 대한 수요와 공급이다. 예를 들어 달러 자금이 필요한 사람은 달러 대출을 받는 대신에 스왑 포인트가 거래되는 단기 스왑 시장에서 당장 필요한 달러를 조달할 수 있다. 외화 대출을 받는 것에 해당하는 것이 외환 시장에서 달러를 사는 것이고, 만기일에 외화 대출을 상환하는 것에 해당하는 것이 일정 기간 후 미래 시점에서 다시 외환 시장에 달러를 매도하는 것이 된다. 이 경우 일정 기간 후 미래 시점에서 외환 시장에 달러를 매도하는 거래가 바로 선물환 매도 거래이고, 어떤 재화를 매도하는 사람이 많으면 재화 가격이 하락하는 것과 마찬가지로 현재 달러를 조달하고자 하는 참여자가 많아진다면, (선물환 매도 거래가 많아진다면) 스왑 포인트는 하락하게 된다. 즉 2009년 달러 유동성이 악화되는 상황에서 스왑 포인트의 급락은 위와 같은 이유에서 벌어진 상황이라고 이해할 수 있다. 결국 스왑 포인트의 상승과 하락을 두고 달러 자금 동향을 일부 유추할 수 있다.

05 Chapter

선물환을
이용한 헤지

선물환을 이용하면 헤지가 가능하다던데……

그럼 실제 선물환으로 미래의 불확실성을 제거할 수 있나요?

"예, 그렇습니다. 수입 업체든 수출 업체든 선물환을 이용하여 미래 가격을 정해 놓으면 됩니다."

매입 선물환을 이용한 헤지: 그래프 이용

2009년 2월 자본시장법 시행으로 일반 투자자 고객 대상으로 는 헤지 목적의 파생 상품 거래만 이루어져야 합니다. 즉 향후에 달러 등 외환 거래(수입 결제, 네고 등)가 예정된 고객만이 통화 선도를 거래할 수 있습니다.

2장에서 헤지의 개념에 대해서 알아본 그림을 다시 살펴봅니다.

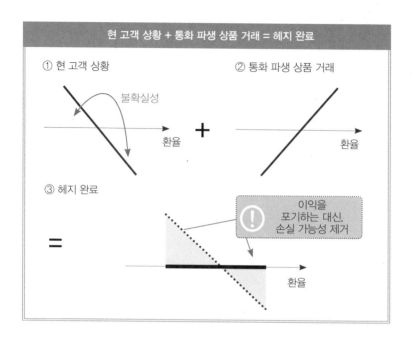

바로 위의 거래가 수입업자인 고객이 매입 선물환으로 헤지를
한 것을 나타낸 것입니다.

① 현 고객 상황: 환율이 오르면 고객은 손실을, 환율이 내리면
고객은 이익을 보는 상황입니다.
② 통화 파생 상품 거래: 이 그래프는 3장에서 살펴본 매입 선
물환의 손익 구조입니다. 매입 선물환 거래는 환율이 선도 환율
보다 오르면 이익, 내려가면 손실을 보는 대칭적인 손익 구조를
가지고 있습니다.
③ 헤지 완료: 앞의 두 그래프는 완전히 반대의 손익 구조를 가지
고 있어, 미래 결제일에 환율이 오르거나 내리거나 하는 환율 변

동에 상관없이 고객은 아무런 이익이나 손실을 보지 않게 됩니다.

매도 선물환을 이용한 헤지: 실제 손익 이용

 3개월 후 1만 달러가 입금되는 수출 업체

"달러 환율이 내려갈까 걱정되어, 1,250원 약정 환율인 매도 선물환 거래를 했습니다." (현재 환율: 1,250원으로 가정)

3개월 후 환율	① 현 고객 상황	② 매도 선물환	③ 헤지 완료
1,300원	+ 50만 원 = (1,300−1,250) X 1만 달러	− 50만 원 = (1,250−1,300) X 1만 달러	0원
1,100원	− 150만 원 = (1,100−1,250) X 1만 달러	+ 150만 원 = (1,250−1,100) X 1만 달러	0원

간단히 정리하면,

(1) 나중에 달러를 사야 한다면, 미리 매입가를 정해 놓는 매입 선물환 거래를 하고

(2) 나중에 달러를 팔아야 한다면, 미리 매도가를 정해 놓는 매도 선물환 거래를 함으로써 헤지 가능합니다.

다음 장에는 통화 옵션 내용이 이어집니다.

06 Chapter

통화 옵션이란?

옵션 그래프는 너무 복잡합니다.

콜 옵션과 풋 옵션, 매수와 매도…… 여러 가지 경우의 수로 헷갈립니다.

"옵션은 선물환과 달리 비대칭적인 그래프라 그렇습니다. 처음 개념만 잘 잡으면 어렵지 않습니다!"

통화 옵션의 기본 개념

옵션 거래란 어떠한 기초 자산(통화, 주식 등)을 일정한 시점에 미리 정한 가격으로 사거나 팔 수 있는 권리를 거래하는 계약을 말합니다.

결국 통화 옵션 거래는, 일정 물량의 통화(USD, JPY, EUR 등)를 미래 특정 시점(만기일)에 특정 환율(행사 환율)로 사거나 파는(콜/풋) 권리를 거래하는 계약입니다.

여기서 통화 옵션과 선물환(통화 선도)의 큰 차이점을 알 수 있습니다. 선물환은 거래를 하고 나면 만기일에 가서 무조건 (권리와 의무 동반) 거래를 이행해야 하는 반면, 통화 옵션은 '권리를 사고파는 것' 이기 때문에 옵션을 산 사람이 유리할 때만 거래를 행하여도 된다는 점입니다.

콜 옵션과 풋 옵션

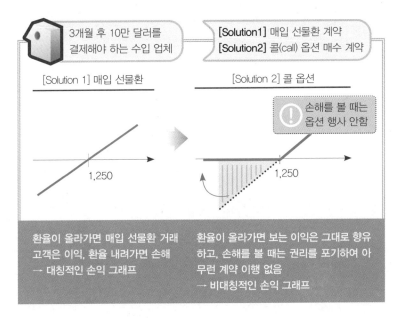

비대칭적이란 면에서 의문이 생길 수 있습니다. 옵션 매수자는 손실이 제한되고 이익은 무한대인 반면, 옵션 매도자는 손실 가능성이 무제한인데 불공평한 상품이 아닌가요? 이는 옵션 매수자가 옵션 매도자에게 돈을 지불함으로써 해소됩니다.

옵션의 공정한 가격은 어떻게 정해지는지 다음 장에서 알아봅니다.

TIP

바닐라 상품? 금융 상품에 바닐라(vanilla) 상품이라니? 금융 시장에도 바닐라 상품이 존재한다. 바닐라 상품은 다른 말로 플레인(plain) 상품이라고도 부르는데, 여러 상품들이 결합되고 합성된(structured) 상품이 아니라 가장 기초적이고 단순한 상품이기 때문에 바닐라 상품이라고 한다. 결국 위에서 알아본 콜 옵션, 풋 옵션을 바닐라 콜, 바닐라 풋이라고 부르는 것은 가장 단순한 형태의 기본적인 옵션으로, 뒤에서 배울 여러 가지 옵션 상품을 만드는 데 기본이 되기 때문이다.

07 Chapter

통화 옵션의 프리미엄,
블랙 – 숄즈 모형 이용

블랙–숄즈 모형 ?

옵션을 살 때는 프리미엄을 지급해야 한다는데……

"예, 옵션을 살 때 지급하는 돈. 그 옵션의 가치를 계산하는 식이 바로 블랙–숄즈 모형입니다!"

블랙 – 숄즈 모형

$$c = SN(d_1) - Xe^{-\gamma T}N(d_2)$$

$$p = Xe^{-\gamma T}N(-d_2) - SN(-d_1)$$

$$\text{where } d_1 = \frac{\ln(S/X) + (r + \sigma^2/2)T}{\sigma\sqrt{T}}$$

$$d_2 = \frac{\ln(S/X) + (r - \sigma^2/2)T}{\sigma\sqrt{T}} = d_1 - \sigma\sqrt{T}$$

c : 콜 옵션 가격

p : 풋 옵션 가격

S : 기초 자산 가격 (환율 등)

X : 행사 가격

r : 이자율

T : 잔존 만기

δ : 기초 자산 가격(환율) 변동성

위의 방정식이 그 유명한 블랙-숄즈 모형(Black-Scholes Model)입니다. 블랙-숄즈-머튼 모형이라고 불리우는 공식도 같은 내용입니다. 이 모형은 피셔 블랙(Fisher Black), 마이런 숄즈(Myron Scholes), 로버트 머튼(Robert Merton) 등이 함께 만들었으며 기초 자산 가격, 변동성, 행사 가격, 만기, 무위험 이자율 등 파악하기 쉬운 5개 항목을 가지고 옵션 가격을 산출할 수 있는 이론으로 이후 노벨 경제학상 수상에까지 이르게 되었습니다.

블랙-숄즈 모형의 시사점

여기서 모형의 식을 외우고 수식으로 분석하는 것은 결국 이 공식을 통해 시장에서 관찰되는 각 변수들이 옵션 가격에 어떤 영향을 미치는지에 대해 알기 위해서입니다. 가격 산출은 시스템에서 이루어지므로, 공정 가격을 산출해야 하는 소수를 제외하고 이 공식을 암기할 필요는 없습니다.

하지만 아래 가격 변수들의 변화가 옵션 가격을 상승시키는 방향인지 하락시키는 방향인지 대해서는 알아 둘 필요가 있습니다. 추후 복잡한 옵션의 구조도 분해하면 대부분 콜 옵션과 풋 옵션의 조합으로 이루어져 있으므로, 가격 변수에 대해 정확히 이해하면 큰 도움이 되기 때문입니다.

구분	콜 옵션 (C: 사는 권리) $C = Max\{S-X, 0\}$	풋 옵션 (P: 파는 권리) $P = Max\{X-S, 0\}$
기초 자산 가격 (S: 환율)	↑ 환율(S)이 높아지면, 사는 권리의 가치(C)는 비싸짐	↓ 환율(S)이 높아지면, 파는 권리의 가치(P)는 떨어짐
행사 가격 (X)	↓ 미래 사기로 한 환율(X)이 높으면, 사는 권리의 가치(C)는 떨어짐	↑ 미래 팔기로 한 환율(X)이 높으면, 파는 권리의 가치(P)는 비싸짐
이자율 (r)	↑ 이자율(r)이 높아지면, 권리 행사시 줄 금액의 현재 가치가 작아짐	↓ 이자율(r)이 높아지면, 권리 행사시 받을 금액의 현재 가치가 작아짐
잔존 만기 (T)	↑ 만기(T)가 많이 남을수록, 권리를 행사할 가능성이 커지므로 권리의 가치는 비싸짐	↑ 만기(T)가 많이 남을수록, 권리를 행사할 가능성이 커지므로 권리의 가치는 비싸짐
변동성 (δ)	↑ 환율이 많이 변할수록(δ), 권리를 행사할 가능성이 커지므로 권리의 가치는 비싸짐	↑ 환율이 많이 변할수록(δ), 권리를 행사할 가능성이 커지므로 권리의 가치는 비싸짐

    그렇다면 통화 옵션을 이용한 헤지는 선물환을 이용한 헤지와 어떻게 다른지 다음 장에서 알아봅니다.

TIP

원 달러 시장에 볼이 커졌다? 언론에서 또는 실제 시장에서 '볼이 커졌다. 작아졌다'라는 말을 종종 듣게 된다. 여기서 볼(vol)이란, 변동성을 의미하는 volatility의 줄임말로 보통 실무에서 사용하곤 한다. 결국 '원 달러 외환 시장에 볼이 커졌다' 라는 말은 원 달러 환율의 변동이 커 '환율이 크게 출렁거린다'라는 뜻이다. 지난 환율 급등락이 계속되던 2008년은 볼이 매우 컸던 시장이었다.

통화 옵션을
이용한 헤지

옵션으로도 헤지가 가능하다던데……

선물환으로 헤지하는것과 옵션으로 헤지하는 것의 차이가 있나요?

"네, 옵션은 선물환처럼 손익이 완전히 상쇄되는 구조는 아닙니다."

옵션을 이용한 헤지: 선물환을 이용한 헤지와 비교

3개월 후 10만 달러를 결제해야 하는 수입 업체

3개월 후 환율이 내리면 이익을 보고, 환율이 오르면 손해를 봄.
▶ 환율이 오를 때, 이익을 보는 상품을 이용하여 헤지 가능.

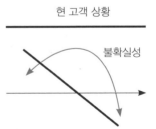

현 고객 상황

불확실성

● [헤지 Solution 1] 매입 선물환을 이용

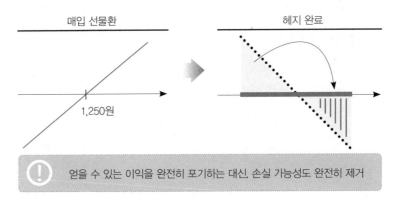

매입 선물환 / 헤지 완료

1,250원

얻을 수 있는 이익을 완전히 포기하는 대신, 손실 가능성도 완전히 제거

● [헤지 Solution 2] 콜 옵션 매수를 이용

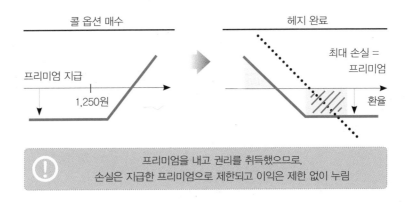

콜 옵션 매수 / 헤지 완료

프리미엄 지급

1,250원

최대 손실 =
프리미엄

환율

프리미엄을 내고 권리를 취득했으므로,
손실은 지급한 프리미엄으로 제한되고 이익은 제한 없이 누림

금융은 공정하다

위에서 알아본 '콜 옵션 매수'를 이용한 헤지는, 환율에 아무 상관없이 손익이 '0'으로 고정되는 선물환 매입 헤지와 비교하여, 옵션 매입을 위해 프리미엄을 지급하는 대가(비용)로 환율이 내려갔을

때 얻을 수 있는 이익(기회)을 무제한으로 취할 수 있다는 특징을 갖습니다.

중요한 점은 환율이 이익 구간으로 갈지, 손실 구간으로 움직일지는 아직 정해지지 않았으므로, 이는 블랙—숄즈 방정식 등을 통해 현시점에서의 확률로 산출하게 된다는 것입니다. 최종적으로, 옵션 프리미엄은 이익을 볼 확률에 대한 대가를 공정하게 비용으로 산출한 것이고, 따라서 옵션 매수자는 매도자에게 이 권리를 살 때 프리미엄을 지급하게 됩니다.

옵션은 선물환과 다르게 고객의 니즈를 반영하여 여러 가지 구조를 만들 수 있다는 장점이 있습니다. 다음 장에 이어집니다.

09 Chapter

통화 옵션 상품 Ⅰ

인핸스드 포워드(EF), 레인지 포워드(RF)?

고객의 요구를 반영한 여러 가지 구조의 통화 옵션에는 어떤 것이 있나요?

"실제로 많이 거래되는 옵션은 거래 초기 자금 부담이 없는 제로코스트 옵션입니다."

다양한 통화 옵션 상품

지금까지 알아본 콜 옵션, 풋 옵션은 가장 기본적인(바닐라, 플레인) 형태의 옵션으로, 고객은 옵션 매수를 통해 헤지를 달성하게 됩니다. 그러나 고객이 옵션을 매입하기 위해서는 프리미엄을 지급해야 한다는 부담이 있습니다.

따라서 고객은 초기 자금 부담을 없애기 위해 옵션을 매수하는 동시에 다른 옵션을 매도함으로써 수취하는 프리미엄으로 다양한 헤지 구조를 설계할 수 있습니다. 이렇게 콜 옵션, 풋 옵션을 이용하여 초기 자금 부담 없이 여러 가지 형태로 만든 옵션을 제로코스트 옵션(zero-cost option), 구조화 옵션(structured option)이라 합니다.

인핸스드 포워드(EF: Enhance Forward): 무제한 이익을 포기하고 행사 가격을 유리하게 하는 구조

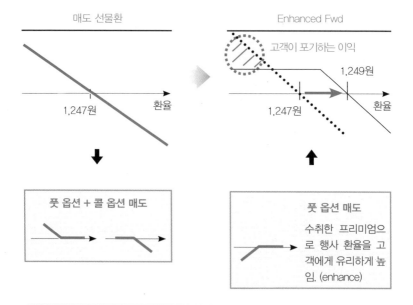

레인지 포워드(RF: Range Forward) : 고객이 감내할 수 있는 환율 구간을 설정하는 구조

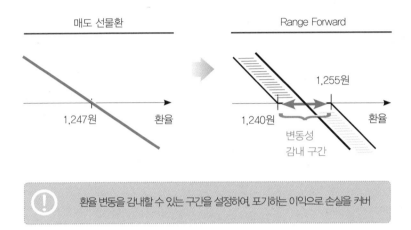

환율 변동을 감내할 수 있는 구간을 설정하여, 포기하는 이익으로 손실을 커버

　　보다 저렴한 옵션(행사 환율이 높은 콜 옵션 매도, 행사 환율이 낮은 풋 옵션 매수)을 이용하여 환율 변동을 감내할 수 있는 환율 구간(range)에서는 헤지하지 않는 효과를 가집니다.

　　다음 장에서는 스프레드(spread)형 옵션에 대해서 살펴봅니다.

10 Chapter

통화 옵션 상품 Ⅱ

콜스프레드, 풋스프레드, 상하한 포워드?

스프레드 거래라는 게 있던데, 스프레드 옵션도 있나요?

"이익과 손실에 제한을 두어 설계한 옵션이 스프레드 옵션입니다."

스프레드 옵션

스프레드 옵션은 서로 다른 행사 환율을 가진 같은 종류의 옵션 (콜이면 콜, 풋이면 풋)을 동시에 사고팔아 설계한 옵션을 말합니다. 이번 장에서는 스프레드 옵션 중 콜 옵션을 이용한 콜스프레드(callspread), 풋 옵션을 이용한 풋스프레드(putspread)에 대해서 알아봅니다.

콜스프레드/풋스프레드: 이익과 손실에 제한을 두는 구조

3개월 후 10만 달러를 송금해야 하는 수입업자

"환율이 올라갈 때, 이익을 얻는 스프레드 옵션이 궁금합니다."

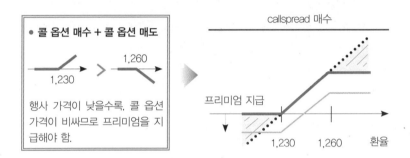

콜스프레드 옵션 매수를 통해 무제한 이익, 무제한 손실을 포기하고, 일정 구간(1,230원~1,260원) 내에서는 선물환과 동일한 헤지 효과를 얻을 수 있습니다. 또한 풋스프레드 옵션 매도를 통해서도 같은 구조를 만들어 낼 수 있습니다.

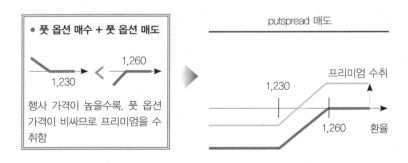

위와 같이 수입업자가 환율이 오를 때(강세가 될 때), 이익을 보다가 일정 금액을 수취하는 형태의 스프레드 옵션을 강세 스프레드(bullish spread)라고도 부릅니다.

상하한 포워드: 일정 범위 내에서만 효과가 작동하는 선물환

위의 두 스프레드 옵션과 비슷한 구조이면서 초기 프리미엄 부담 없이 고안된 상품이 바로 상하한 포워드입니다.

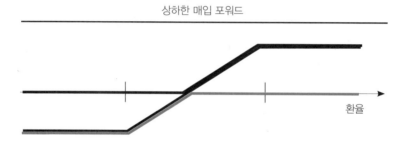

상하한 매입 포워드

환율

이 상하한 포워드는 4개의 옵션으로 합성하여 만들 수 있습니다. 결국 일정 범위 내에서만 선물환 헤지 효과가 나타나고, 범위를 넘어서는 선물환 헤지 효과가 정지됩니다.

옵션도 레버리지가 가능합니다. 다음 장에서 알아봅니다.

11 Chapter

통화 옵션 상품 Ⅲ

타깃 포워드?

레버리지 기법이 많이 사용된다고 하던데, 통화 옵션에도 가능한가요?

"가능합니다. 타깃 포워드라는 이름으로 널리 사용되고 있습니다."

타깃 포워드의 정의와 활용

타깃 포워드(target forward)는 옵션에 레버리지(leverage) 기법을 도입한 옵션입니다. 환율 구간 중 옵션 매입으로 헤지 이익을 보게 되는 구간의 옵션 명목 금액량을 옵션 매도로 손실이 발생할 수 있는 구간의 명목 금액량보다 줄여, 고객에게 유리한 목표 행사 환율을 달성하는 옵션이라 할 수 있습니다. 이 타깃 포워드는 자체로도 거래가 되지만 이전에 알아본 인핸스드 포워드(EF), 레인지 포워드(RF) 등과 결합되어 인핸스드 타깃 포워드(ETF, 1:2 EF), 레인지 타깃 포워드

(RTF, 1:2 RF) 등으로 활용이 가능합니다.

타깃 포워드: 이익 구간의 물량을 줄여 이익을 일부 포기하는 대신 유리한 행사 환율을 달성하는 옵션

3개월 후 10만 달러를 송금해야 하는 수입업자

매입 선물환으로 헤지하려고 했더니, 행사 환율이 너무 높더군요.
목표 매입 단가를 맞추려면 행사 환율을 좀 낮춰야 하는데……

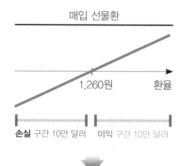

매입 선물환

1,260원 　환율

손실 구간 10만 달러　　이익 구간 10만 달러

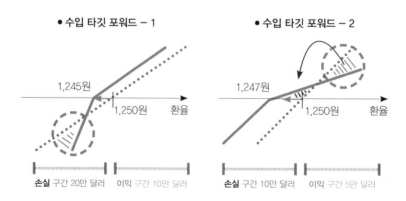

● **수입 타깃 포워드 – 1**

1,245원

1,250원 　환율

손실 구간 20만 달러　　이익 구간 10만 달러

● **수입 타깃 포워드 – 2**

1,247원

1,250원 　환율

손실 구간 10만 달러　　이익 구간 5만 달러

매입 선물환에서 변형하여 수입 업체에게 적합한 타깃 포워드 구조를 만드는 방법은 두 가지가 있습니다.

첫 번째 그래프에서는 고객이 목표 행사 환율을 유리하게 하기 위해 손실 구간의 헤지 물량을 10만 달러가 아닌 20만 달러로 늘렸음을 알 수 있습니다. 이 경우 고객이 헤지하고자 하는 물량보다 더 많은 물량으로 손실을 볼 가능성이 잠재적으로 발생합니다.

따라서 잠재적인 리스크 요인을 제거하려면 두 번째 그래프에서와 같이 이익 구간의 물량을 절반으로 줄여서 행사 환율을 높이는 방법이 안정적인 헤지 전략이라고 할 수 있겠습니다. 다만 이 경우에도 환율이 행사 가격 이상 상승시 절반의 금액인 5만 달러에 대해서는 헤지 효과를 포기해야 한다는 점을 유의해야 합니다.

결국 타깃 포워드라는 것은 행사 환율을 유리하게 가져가기 위해서 손실 구간의 잠재적 리스크를 감수하거나, 이익 구간의 잠재적 이익을 포기하는 둘 중의 하나를 선택해야만 하는 것입니다.

인핸스드 타깃 포워드, 레인지 타깃 포워드

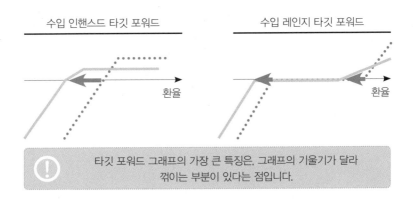

수입 인핸스드 타깃 포워드 　　　　　 수입 레인지 타깃 포워드

환율　　　　　　　　　　환율

! 타깃 포워드 그래프의 가장 큰 특징은, 그래프의 기울기가 달라 꺾이는 부분이 있다는 점입니다.

이렇듯 옵션 상품은 거래 상대방 중 한쪽에게만 절대적으로 불리하지 않은데, 이는 처음에서 말씀드린 '공정성(등가성)'의 커다란 원칙에서 옵션 상품이 설계되기 때문입니다.

이로써 통화 옵션을 마칩니다. 다음 장부터는 통화 스왑에 대해 알아봅니다.

12 Chapter

통화 스왑이란?

처음에 파생 형태 중에 스왑이라는 게 있던데, 통화 스왑에 대해서 궁금합니다.

"통화 간의 교환을 통해 헤지를 달성하는 거래가 통화 스왑 거래입니다."

서로의 필요에 의해 시작된 통화 스왑

물물 교환을 처음 시작한 이유와 마찬가지로 통화 스왑 역시 같은 점에서 생겨난 파생 상품이라고 할 수 있습니다.

다음의 예를 살펴봅시다.

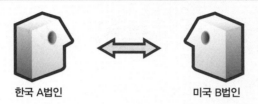

한국 A법인 | 미국 B법인

한국 A법인 해외 투자를 해야 하는데, 외화 대출을 받기엔 제약이 있군요.
무슨 방법이 없을까요?

미국 B법인 지금 가지고 있는 달러로 한국 채권에 투자하려 합니다.
원화 가치가 하락하는 것이 걱정이 되는데요.

(1) 한국 A법인은 해외 투자를 위해 달러가 필요합니다. 그런데 달러 대출을 받으려고 보니, 여러 제약에 걸려 여의치 않습니다.

(2) 미국 B법인은 보유한 달러로 한국 기업이 발행한 채권에 투자하려 합니다. 그런데 채권 만기시에 원화 가치가 떨어지면 투자 손실을 보게 되므로 환 헤지도 함께 하고자 합니다.

위의 경우가 통화 스왑이 이루어지는 가장 기본 상황입니다.

통화 스왑의 절차

위의 한국 A법인의 필요가 보통 우리 고객의 수요와 일치하곤 합니다. 한국 A법인의 상황에서 통화 스왑이 어떻게 이루어지는지 알아봅니다.

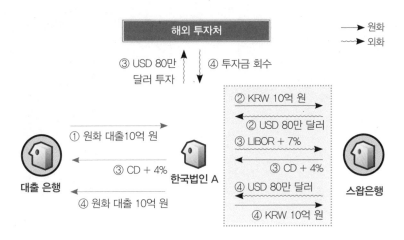

① 먼저 A는 필요한 달러에 상당하는 원화 대출을 받습니다.

② 통화 스왑 시장에서 원화를 지급하고, 달러를 수취하는 스왑을 체결합니다.

③ 수취하는 달러로 해외 투자를 실행하고, 달러 수취에 대한 대가로 외화 이자를 지급합니다. 또한 지급했던 원화에 대한 이자도 수취합니다. 이 수취한 원화 이자로 은행에 대출 이자를 갚아 나갑니다.

④ 통화 스왑 만기시, 해외 투자로부터 회수한 달러로 지급하고 원화를 수취하여 대출을 상환합니다.

통화 스왑에서 서로 교환하는 금리 수준이 의사 결정에 중요한 변수가 됩니다. 다음 장에서는 통화 스왑 금리 결정에 대해 살펴봅니다.

TIP

자산 스왑과 부채 스왑　보통 자산 스왑(asset swap)과 부채 스왑(liability swap) 이라는 말을 많이 듣는다. 각각 어떤 경우의 스왑을 말하는 걸까? 답은 용어 안에 있다. 쉽게 이해하면 투자한 자산에서 나오는 수익의 변동성을 헤지하고 자 하는 스왑 거래가 자산 스왑. 자금을 조달하기 위해 받은 대출 쪽의 이자 비 용의 변동성을 헤지하기 위해 하는 스왑 거래가 부채 스왑이다. 즉 외화 채권 을 발행하여 달러를 조달한 후 원화로 바꾸기 위해 달러 금리를 수취하고. 원 화 금리를 지급하는 통화 스왑이 가장 대표적인 부채 스왑이라고 할 수 있다. 반대로 해외 투자를 실행하고 그로부터 수취되는 외화 수익의 변동성을 헤지 하고 원화로 이를 바꾸는 통화 스왑은 자산 스왑의 한 예이다. 따라서 스왑 금 리의 상승 또는 하락 움직임에 따라 부채 스왑을 통해 금리 절감이 가능할 수 도 있고, 자산 스왑의 투자 수익률을 제고할 수 있다.

통화 스왑의
가격 결정

통화 스왑의 금리도 시장에서 결정되나요?

통화 스왑상 교환되는 이자가 어떻게 결정되는지 궁금합니다. 이것도 공정

하게 정해지겠지요?

"각 당사자의 입장에서 공정한 시장 가격으로 금리가 결정됩니다."

통화 스왑 이자의 결정

통화 스왑으로 교환되는 금리는, 각 상대방이 수취하고 지급하는 금액의 현재 가치를 동일하게 하는 금리로 결정됩니다. 앞 장의 통화 스왑을 체결했던 한국 A법인의 예를 이용해 통화 스왑 이론 가격에 대해 알아봅니다.

한국 A법인

해외 투자를 해야 하는데, 외화 대출을 받기엔 제약이 있군요. 무슨 방법이 없을까요?
▶ 통화 스왑 체결

초기: 달러 수취 – 원화 지급 (거래 체결일 당시 환율)
이자 교환: 달러 이자 지급 – 원화 이자 수취
만기: 달러 지급 – 원화 수취 (거래 체결일 당시 환율)

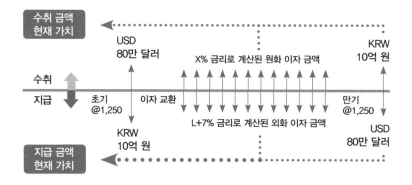

위의 그림에서 원화 금리(x%)는 수취 금액의 현재 가치와 지급 금액의 현재 가치를 동일하게 만들어 주는 이자율로 결정이 됩니다. 결국 어느 쪽이든 현재 시점에서 공정한 금리가 바로 통화 스왑의 결정 금리가 됩니다.

실제 시장에서 거래되는 통화 스왑 금리

이전의 통화 선도 거래와 마찬가지로, 통화 스왑(CRS: Cross Currency Interest Rate Swap) 금리 역시 공정한 이론 가격에 기초하여 시장 수급에 따라 금리가 거래됩니다.

다음과 같이 3년 만기 외화 대출 금리와 원화 대출 금리를 제안 받은 고객이 있다고 가정하고, 외화 대출과 통화 스왑을 통한 외화 조달을 비교해 봅니다.

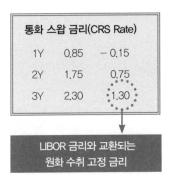

통화 스왑 금리(CRS Rate)

1Y	0.85	− 0.15
2Y	1.75	0.75
3Y	2.30	1.30

LIBOR 금리와 교환되는
원화 수취 고정 금리

- 현재 취급 가능 3Y 변동 금리부 외화 대출: **L＋6.5%**
- 3Y 고정 금리부 원화 대출(7.5%)을 받은 후, 통화
  스왑 체결: **가산 금리 = 7.5% − 1.3% =**
  6.2% → L ＋ 6.2% 외화 조달 가능

위 고객의 경우 외화 대출 금리는 LIBOR ＋ 6.5%를 제시받았으나, 원화 고정 금리 대출은 7.5%에 가능한 상황입니다. 통화 스왑 시장을 이용할 경우 차입한 원화를 1.3%에 운용하고 대신 달러를 LIBOR에 빌리는 거래가 가능합니다. 고객이 지불해야 하는 원화 고정 금리 7.5%로 환산하면 결국 LIBOR ＋ 6.2%에 외화 조달이 가능하므로 외화 대출 대비 30bp의 금리를 절감할 수 있습니다.

통화 선도와 통화 옵션, 통화 스왑으로 통화 파생 상품은 마칩니다. 다음 장부터는 금리와 관련된 파생 금융 상품이 계속됩니다.

PART 2.

알기 쉬운
금리 파생 상품

금리란?

이제까지 파생 상품에 대한 기본 개념과 통화 관련 파생 상품에 대해 알아보았습니다. 이번 장부터 은행에서 가장 중요한 개념 중 하나인 '금리'와 관련된 파생 상품에 대해 설명합니다. 먼저 '금리' 에 대한 의미와 중요한 특징을 살펴보면서 시작합니다.

화폐의 시간 가치

미래 가치(Future Value: FV)는 현재의 가치가 미래 어떤 시점을 기준으로 얼마가 될 것인가 하는 것이고, 현재 가치(Present Value: PV)는 미래의 어떤 시점에서의 가치를 현재 시점의 가치로 환산한 것입니다. 현재 가치와 미래 가치의 의미를 연결 지어주는 것이 바로 '금리'입니다. 다음의 식에서 미래 현금 흐름을 현재 가치화하는 r을 '할인율,' 현재 투자 가치에 대한 미래에 발생하는 수익의 비율인 r을 '수익률'이라 하고, 각각 '금리'의 의미를 다른 관점에서 이야기하고 있습니다.

$$PV = \frac{FV_n}{(1+r)^n} \qquad FV_n = PV(1+r)^n$$

미래의 금리, 선도 금리 (현물 금리 vs. 선도 금리)

파생 상품이란 미래에 일어나는 어떤 결과를 통해 손익이 결정되는 상품입니다. 따라서 우리가 살펴볼 금리 파생 상품에서는 미래의 금리 모습이 중요합니다. 이에 대해 알아보기 위해 중요한 개념인 현물 금리(spot rate)와 선도 금리(forward rate)에 대해 알아봅니다.

n년 만기 현물 금리는 현재부터 n년간 투자를 하여 얻을 수 있는 수익률을 의미합니다. 쉽게 말해 현재 시점부터 일정 기간의 수익률이 현물 수익률입니다. 여기서 고려하는 투자는 투자 기간 동안 이자 지급이 없는 투자를 의미하고, 이는 무이표 채권(zero-coupon bond)의 수익률과 동일하게 받아들이면 됩니다. 이표 채권의 YTM (만기 수익률)에서 재투자 수익률이 동일하다는 무리한(?) 가정으로부터 자유로운 수익률이라 할 수 있습니다. 금리 상품에서 현물 수익률은 가장 기본이 되는 중요한 개념입니다.

선도 금리는 미래의 특정 시점에서 일정 기간 적용되는 수익률을 의미합니다. 선도 금리는 현재 시점에서 알 수 없는 미래의 금리 개념이기 때문에 현물 수익률에 내재되어 있는 미래의 특정 시점부터 그 이후의 일정 기간에 대한 금리를 계산해서 사용합니다. 이를 일반적으로 내재 선도 금리(implied forward rate)라 합니다. 현물 수익률의 값들을 이용해 계산을 통해 얻을 수 있는 수치이기 때문에, 현물 수익률 곡선에 '숨어 있는(내재된) 선도 금리'라고 명명합니다.

만기별로 금리를 표시한 수익률 곡선은 일반적으로 우상향합니다. 더 긴 기간 동안 현재의 효용을 포기하는 대가를 더 많이 받고 싶은 것은 일반 상황에서 당연하다 할 수 있습니다. 이때 선도 수익률은 현물 수익률보다 높게 위치하는데, 아래 예제를 보면 그 이유를 알 수 있습니다.

예제에서 1년까지의 현물 수익률은 5%이고, 2년 만기 현물 수익률은 6%인 우상향 수익률 상황을 가정했습니다. 이때 1년 후 1년간 선도 수익률은 2년 현물 금리인 6%보다 높아야 1년 현물 금리 5%에서 미달한 수익률을 보상할 수 있습니다.

따라서 현물 수익률이 우상향 곡선일 경우, 선도 수익률 곡선은 더 높게 위치합니다.

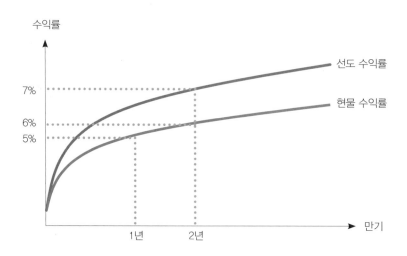

예) 현재부터 1년까지의 현물 금리: 5%

현재부터 2년까지의 현물 금리: 6%로 주어져 있을 때,

1년 후 1년 동안의 선도 금리를 구해 볼까요?

$$(1+0.06)^2 = (1+0.05)(1+R_{12})$$

$$R_{12} = \frac{(1+0.06)^2}{(1+0.05)} - 1 = 0.07, 7\%$$

다음 장에서는 금리 파생 상품의 종류에 대해 알아봅니다.

금리 파생 상품의
종류

금리 파생 상품의 종류는?

앞의 장에서 파생 상품을 파악할 때, 다음 그림과 같이 기초 자산과 파생 형태에 따라 파생 상품을 구분해 보았습니다. 그중에서 금리를 기초 자산으로 하는 금리 파생 상품을 다음과 같이 나눌 수 있습니다.

(1) 전 장에 다룬 선도 금리를 이용한 선도 금리 계약 (FRA)

(2) 단기 이자율이나 채권을 기초로 하는 금리 선물

(3) 고정 금리와 변동 금리를 교환하는 금리 스왑

(4) 금리나 채권에 옵션을 추가하여 거래하는 금리 옵션

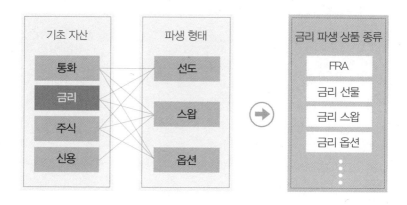

금리 파생 상품은 언제 이용?

앞의 파생 상품 개요에서 언급한 것처럼, 파생 상품은 크게 '헤지 목적'과 '투자 목적'으로 나눌 수 있습니다

1) 헤지 목적

금융 기관으로부터 대출을 받은 고객의 경우

■ 변동 금리 대출일 경우, 금리 상승에 대한 위험을 대비하고 싶을 때 (FRA, 금리 선물, 금리 스왑, 금리 옵션 이용)

■ 변동 금리 대출을 고정 금리 대출로 변경하고 싶을 때 (금리 스왑 이용)

새로 공장을 지으면서 받은 대출을 변동 금리로 받았는데, 금리가 올라가려 하네. 금리 상승을 대비할 수 없을까?

2) 투자 목적

■ 금리 변화에 대한 방향성에 배팅을 하고 싶은데, 일반적인 금융 상품인 채권에 비해 초기 원금 투자 없이 포지션 형성이 가능한 상품을 원할 때(금리 스왑이나 FRA 이용)

■ 높은 레버리지가 가능한 포지션을 형성하고 싶을 때(금리 선물이나 스왑 이용)

 경기가 바닥을 치고 올라갈 것 같군. 이제 금리 인상 사이클이 올 것 같은데, 이를 위한 투자 상품이 뭐가 있을까?

다음 장에서는 금리 파생 상품 중 기본 개념인 FRA와 금리 선물에 대해 알아봅니다.

그릭이야기

델타(Delta) 시장 변화에 대해 내가 가지고 있는 파생 상품의 민감도를 나타내는 지표들을 '그릭(Greeks)'이라 한다. 시장의 움직임에 대해 내가 가진 리스크를 적절하게 관리하기 위해서 이를 파악하고 대응하는 것이 중요하다.

우선 '델타(Delta)'에 관해 알아보자. '델타'는 기초 자산이 한 단위 움직일 때 파생 상품이 가진 손익(프리미엄)이 얼마만큼 움직이는지를 나타낸다. 금리 옵션의 경우 금리 1bp(0.01%)가 움직일 때 옵션 프리미엄이 얼마만큼 움직이는지를 표현한다. 즉 내가 가진 금리 옵션의 델타가 −100만 원이라 하면, 금리가 1bp 상승할 때 나는 100만 원을 손해 보게 된다. 따라서 이러한 리스크를 헤지하기 위해 1bp 상승할 때 100만 원의 이익을 얻을 수 있는 추가 거래를 통해 금리 상승 리스크를 헤지해야 한다.

16 Chapter

FRA와
금리 선물

금리 파생 상품의 기본이 되는 선도 금리 계약(FRA: Forward Rate Agreement)과 금리 선물부터 본격적인 금리 파생 상품에 대한 여정을 시작합니다.

선도 금리 계약 (FRA: Forward Rate Agreement)

앞서 설명한 선도 금리 개념을 이용한 파생 상품이 선도 금리 계약입니다. 미래의 한 시점에서 일정 기간 동안의 금리를 매매하는 계약으로, 예를 들어, 1×4 CD FRA 거래는 현재 시점에서 1개월 후부터 향후 3개월 기간의 CD 금리를 미리 계약하고 1개월 후인 계약 시작일(effective date)에 실제 3개월 CD 금리와 계약 금리와의 차이를 지급 또는 수취하는 계약입니다. (계산하는 방법은 첫 장에서 설명한 개념을 떠올려 보세요) FRA를 매수한 주체(계약 시점에 FRA 금리를 지급하기로 하고, 미래 시점의 CD 금리를 받기로 함)는 금리가 상승하면 이익을 보는 반면, FRA를 매도한 대상은 금리 하락시 이익을 보게 됩니다. 따라서 금리 리스크를 헤지하거나 금리 방향성에 투자하는 데 이용할 수 있습니다.

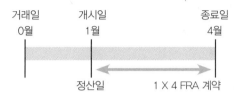

[거래일] 1 X 4 CD FRA 금리: 2.9%

[정산일] 3개월 CD 금리: 2.8%라면,

100억 FRA 매수한 측은 약 250만 원 이익을 봄.

100억 원 X (2.9% − 2.8%) X 3개월 = 250만 원

금리 선물

금리 선물은 채권 또는 금리를 기초 자산으로 하는 선물 계약을 의미하며, 앞의 FRA와 비슷하게 미래의 금리나 채권 가격에 대해 현재 시점에 거래를 하게 되는 형태를 띠게 됩니다. 단 선물 계약의 가장 큰 특성은 공식적인 거래소를 통해 거래된다는 점입니다. 공식적인 거래소를 통하기 때문에, 거래 상대방에 대한 리스크가 없다는 점을 가장 큰 장점으로 볼 수 있습니다.

이와 달리 위에서 설명했던 선도 금리 계약은 '장외 시장'이라

부르는 공식적인 거래소 밖의 시장에서 거래 당사자가 만나서 거래하는 특성을 가지고 있습니다.

금리 선물은 현물이나 금리의 만기에 따라 단기 금리 선물(만기 1년 이하)과 장기 금리 선물(만기 1년 이상)로 구분할 수 있습니다.

대표적인 단기 금리 선물: 유로달러 선물

금리 선물 시장에서 세계적으로 가장 거래가 활발한 단기 선물 거래로 유로달러 선물(Eurodollar Futures)을 들 수 있습니다. '유로달러'란 미국 밖에 있는 은행에 예치된 달러를 의미합니다. 유로달러 선물의 기초 자산은 한 은행이 다른 은행에 빌려 준 유로달러에 의해 수취하는 금리를 의미하며, 쉽게 생각해서 런던에서 은행 간 거래되는 3개월 이자율인 LIBOR(London Inter-Bank Offered Rate)가 됩니다. 보통 1계약당 100만 달러로 거래되는 선물로 1 tick(0.01%)이 움직일 경우 3개월 금리에 대한 선물이므로 25달러만큼 가격이 변하게 됩니다.

100만 달러 X 0.01% X 0.25년 (3개월) = 25달러

일반적인 금리와 달리 직관적인 가격 방식 (IMM 지수 방식)

유로달러 선물은 IMM 지수 방식을 이용한 가격 기준으로 거래되므로, 직관적으로 선물의 매매를 통한 이익의 방향을 파악할 수

있습니다. IMM 지수 방식이란 '가격 = 100 − 이자율(%, 연이율)'로 계산되며, 수익률과 가격이 반대인 일반적인 금리 상품과 달리 직관적으로 상품의 가격을 받아들일 수 있는 장점이 있습니다. 즉 지수가 거래 당시보다 오르면 매수한 쪽이 그만큼 이익을 가지게 됩니다.

앞에서 살펴본 FRA 금리와의 차이를 살펴보면 다음과 같이 이해할 수 있습니다.

> 1 × 4 LIBOR FRA 거래의 미래 금리가 1%라면,
> 유로 달러 선물 거래 가격 = 100 − 1 = 99

그럼 수익 계산은 어떻게?

유로달러 선물 거래로 인한 수익 계산은 매입 가격과 만기 가격의 차이를 통해 구할 수 있습니다. 실질적으로 앞에서 배운 FRA 개념을 이용해 생각해 보면, 미래 한 시점에서 3개월 동안 빌리거나 빌려준 돈에 대한 이자를 미리 현재의 시점에서 계산해서 계약해 생겨난 결과로 받아들일 수 있을 것입니다.

예) 유로달러 선물 매입 가격: 97, 유로달러 선물 만기 결제 가격: 99일 때,
US 1,000,000달러 X (3% − 1%) X 0.25년 = 5,000달러 (이익)

장기 금리 선물 계약: T-Bond 선물

　T-Bond란 만기가 15년 이상이며 15년 이내에는 중도 상환할 수 없는 국채를 의미하고, 이를 기초 자산으로 하는 선물을 T-bond 선물이라 합니다. T-bond 선물의 경우, 선물 1계약은 10만 달러로 계약됩니다. 가장 큰 특징은 인도 시점에 인도할 수 있는 채권 대상이 다양해지므로 그 중 가장 가격이 낮은 채권을 선택해서 인도할 수 있다는 점입니다. 이에 대해서는 복잡한 개념이 많기 때문에, 장기 금리 선물의 대표적 상품으로 T-bond를 기억하면 됩니다.

우리나라의 금리 선물은?

　우리나라에서 단기 금리 선물로는 1년 통안 증권 금리 선물이 있고, 장기 금리 선물은 3년, 5년, 10년 국고채를 기초 자산으로 하는 국채 선물이 있습니다. 이 중 3년 만기 국채 선물이 가장 활발히 거래됩니다. 1999년부터 거래된 3년 만기 국채 선물은 표면 금리 8%인 가상의 이표채를 대상으로 하면서 만기일에 실제 국고채를 인수도 결제하지 않고 가격 차이만을 현금으로 결제하는 방식으로 거래합니다. (2011년부터 3년, 5년, 10년 만기 국채 선물 대상이 표면 금리 5%인 가상의 이표채로 변경될 예정입니다.)

　다음은 본격적인 금리 파생의 세계인 스왑(swap)으로 넘어갑니다.

17 Chapter

금리 스왑(IRS) I

금리 스왑이란?

스왑(swap)의 사전적 의미를 보면 다음과 같습니다

> **SWAP [swaːp] 동사**
> (1) (어떤 것을 주고 그 대신 다른 것으로) 바꾸다. (이야기를) 나누다.
> (2) 교환하다. 교체하다.

‘스왑’의 첫 번째 사전적 의미처럼, 어떤 것을 주고 그 대신 다른 것으로 바꾸려 할 때는 거래의 당사자가 각자 목적을 충족하는 조건에서 교환이 이루어질 것입니다. 따라서 각자 목적을 충족하는 조건하에서 스왑은 많은 종류로 표현될 수 있습니다. 앞에서 소개된 '통화 스왑'도 스왑의 한 종류입니다. 금리 스왑(IRS: Interest Rate Swap)은 금리의 교환을 통해 이자율 변동에 대한 효율적 헤지나 차입 비용 절감 등의 목적을 위해 거래합니다. 이제 금리 스왑에 대해 알아볼까요?

금리 스왑

금리 스왑(IRS: Interest Rate Swap)은 말 그대로 거래 당사자가 금리를 교환하는 거래이며, 교환 대상인 금리는 동일 통화에 대한 고정 금리와 변동 금리로 이루어지는 것이 일반적입니다. 실질적으로 금리 스왑에서 교환하는 대상은 각 고정 금리와 변동 금리에 의해 결정된 이자 금액입니다. 고정 금리는 계약 시점에서 결정되어 만기까지 동일하게 적용되는 금리이며, 변동 금리는 일정 기간마다(우리나라: 3개월) 시장에서 결정된 금리(우리나라: 91일 CD 금리)를 통해 결정합니다.

앞서 소개된 통화 스왑(CRS: Cross Currency Interest Rate Swap)은 달러 등 기준 통화 명목 금액에서 발생하는 이자와 원화 등 가격 통화에서 발생하는 이자를 교환하는 스왑을 말합니다. 통화 스왑에서는 계약 시작 시점과 만기 시점에 원금에 대한 교환(자국 통화 vs. 상대 통화)이 존재하는 반면, 일반적인 금리 스왑에서는 일정 기간마다 결정된 이자 금액만을 교환하는 차이가 있습니다.

FRA · 선물과 금리 스왑의 차이

FRA나 선물은 미래 한 시점부터 일정 기간 해당되는 금리에 대한 계약을 의미합니다. 이 중 선물은 거래 상대방의 채무 불이행에 대한 리스크를 없애고, 거래를 쉽게 하기 위해 공식적인 거래소를 통해 거래되는 특성을 가집니다.

금리 스왑은 여러 개의 FRA 거래의 합으로 생각할 수 있는데, 선물과 같은 장내 거래가 아닌 장외에서 개별 거래 상대방끼리 만나서 거래해야 하는 특성을 가집니다. 이런 특성 때문에 상대방에 대한 채무 불이행 리스크를 가지게 되며 주로 신용도가 높은 은행 간 거래가 이루어집니다.

금리 스왑의 구성

두 거래 상대방(counterparty) 간의 계약으로, 각 거래자는 계약 시작 시점에서 합의된 일정 시점마다 거래 상대방에게 명목 원금에 대한 이자를 지급합니다. 일반적인 금리 스왑은 명목 원금과 동일한 통화에 대한 이자를 지급하고, 앞서 소개된 통화 스왑은 변동 금리에 대한 이자는 상대 통화에 적용하여 지급합니다. 고정 금리를 지급하도록 계약한 상대방은 계약 시점에 정해진 스왑 금리(고정 금리)에 대한 이자 금액을 만기까지 일정 기간 지급하고, 변동 금리를 지급하도록 계약한 상대방은 만기까지 일정 기간 시장에서 결정된 변동 금리 이자를 지급합니다.

금리 스왑의 이용 사례

다음과 같은 고민을 하는 A기업이 있습니다.

 은행에서 대출받은 100억 원에 대해 변동 금리로 이자를 지급하도록 되어 있는데, 금리가 상승하면 어쩌지?

- **A기업의 대출금:** 원화 100억 원
- **대출 기간:** 1년
- **대출 금리:** CD + 2.5%
- **1년 만기 스왑 금리:** 3.5%

A기업이 스왑은행과 1년 만기 스왑을 체결한다면, 다음 그림과 같이 변동 금리 이자를 6.0%의 고정 금리로 변환해서 금리 상승 리스크를 헤지할 수 있습니다.

다음은 금리 스왑의 가격 결정이 어떻게 이루어지는지에 대해 알아봅니다.

18 Chapter

금리 스왑(IRS) Ⅱ

금리 스왑의 금리는 ?

파생 상품의 가격은 시장에서 공정하게 결정됩니다. 차익 거래 (arbitrage)가 만들어지지 않도록 가격이 형성되기 때문에 이를 공정 가격(fair value)이라고 합니다. 만약 한쪽이 더 큰 금액을 받을 수 있는 기회가 생긴다면, 그 기회를 발견한 사람은 거래 계약 시점부터 이익을 얻게 될 것이고 이에 대한 포지션을 알게 된 시장 플레이어들이 모두 이러한 포지션을 구축하려 하기 때문에 시장 가격은 다시 공정 가격으로 움직이게 됩니다.

금리 스왑에 있어 거래에 참가하는 두 거래 상대방은 (서로가 인정할 수 있는) 공정하게 결정된 시장 가격이 반영된 스왑 금리를 통해 금리 스왑 거래를 하게 되는데, 이에 대해 알아봅니다.

금리 스왑의 가격 결정

금리 스왑을 통해 교환되는 스왑 금리(고정 금리)는 스왑을 체결한 두 거래자가 지급하는 금액의 현재 가치가 일치하는 금리로 결정됩니다.

앞 장에서 다루었던 A기업의 변동 금리 수취 1년 만기 금리 스왑의 경우를 생각해 봅시다. A기업은 3개월마다 변동 금리(3개월 CD 금리)를 받고 이에 대한 고정 금리를 지급합니다. 변동 금리에 대한 수취 금액의 현재 가치의 합과 고정 금리에 대한 지급 금액의 현재 가치의 합을 일치시켜 주는 고정 금리가 스왑 금리입니다.

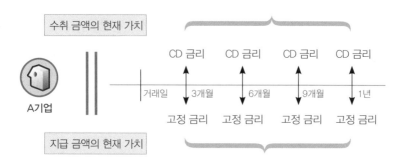

금리 스왑의 가격 결정과 현재 가치화

위에서 A기업에 대한 1년 만기 금리 스왑에 대한 설명을 통해 금리 스왑의 개념을 살펴봤습니다. 이에 대해 좀 더 알아보기 위해, 1년 만기 금리 스왑을 다음과 같이 두 채권 형태로 분리해서 생각해 봅시다.

3개월 CD에 대한 변동 금리를 받는 부분을 변동 금리 채권(FRN: Floating Rate Note), 고정 금리를 지급하는 부분을 1년 만기 고정 금리가 쿠폰으로 발생시키는 채권(이표채, coupon bond) 으로 나누어 생각해 봅니다. 스왑 금리를 결정짓기 위한 가격 결정은 "변동 금리 채권의 현금 흐름과 고정 금리 채권의 현금 흐름을 현재 가치화시켜 일치시킨다"고 말할 수 있습니다. 변동 금리 채권의 경우 시장 금리와 연동하여 변하기 때문에 채권의 현재 가치는 채권의 원금과 동일하게 볼 수 있습니다. 고정 금리를 발생시키는 이표채(coupon bond)의 현금 흐름은 3개월마다 고정된 이자가 발생하고, 만기에 이자와 원금이 발생하는 구조로 생각할 수 있습니다. 이를 '현재 가치화'하는 것은 이자가 발생하는 시점에서 현재부터 현금 흐름이 발생하는 시점까지의 시장 금리로 할인한다는 의미이며, 이때 사용하는 할인 금리의 역수를 보통 '할인 계수(discount factor)'라고 합니다.

$$\text{할인 계수} = \frac{1}{\text{할인 금리}}$$

미래에 발생하는 화폐 가치가 현재 얼마의 가치로 대체될 것인가를 결정할 때, 다음과 같은 간단한 등식을 이용합니다.

미래 가치 X (할인 계수) = 현재 가치

　이전의 그림과 같이 1년 동안 현금 흐름이 네 번 발생하면, 각 기간에 대한 할인 계수 4개가 필요합니다. 할인 계수를 구하기 위해서는 그때의 시장 금리가 필요하고, 이때 사용하는 것이 앞서 설명한 현물 금리 곡선(spot rate curve)입니다. 앞에서도 언급했던 것처럼 현물 금리 곡선은 무이표 채권 금리 곡선(zero coupon bond curve)을 사용하는데, 우리는 지금 스왑에 대해 다루기 때문에 무이표 스왑 금리 곡선(zero coupon swap curve)을 사용해야 합니다.

현물 금리 곡선을 위한 무이표 스왑 금리란?

　현물 금리 곡선(spot rate curve)에 이용되는 무이표 스왑 금리(zero coupon swap)는 현재부터 만기까지 이자가 전혀 발생하지 않고 만기에만 이자가 발생할 때의 금리를 말합니다. 현재 x원을 만기시에 이자와 원금을 동시에 받을 수 있는 무이표 채권에 투자했을 때 결정되는 무이표 채권 금리의 의미와 유사하게 생각하면 됩니다. 보통 무이표 스왑 금리에 대한 결정은 시장에서 거래를 통해 결정되는 각 기간별(보통 6개월, 9개월, 1년~20년) 스왑 금리를 통해 역으로 계산합니다.

　다음은 금리 스왑을 이용하는 주체와 이용 사례에 대해 좀 더 알아봅니다.

금리 스왑(IRS) Ⅲ

앞에서 금리 스왑의 개념과 가격 결정 방법에 대해 살펴보았습니다. 이번 장에서는 금리 스왑의 참여자들이 '각각 어떤 목적에 의해 이를 사용하는가'하는 점과 구체적인 이용 사례에 대해 알아봅니다.

시장 참여자들의 금리 스왑 이용 목적

금융 시장 참여 주체에 따라 금리 스왑을 활용하는 목적은 다양합니다. 원화 금리 스왑 시장의 주요 참가자와 거래 동기를 다음과 같이 정리할 수 있습니다.

기관	거래 동기
은행 (warehouse)	시장 조성자(market maker)로서 자체 포지션 운용을 통해 이익 창출 (bid-offer spread 추구 포함)
중계 기관 (broker)	거래의 중개를 통한 거래 수수료 수입 추구
금융 기관 (투신사/보험 등)	투자 자산의 듀레이션 관리 수단 (채권 포함) 원화 혹은 달러 조달의 수단 (통화 스왑)
국내 기업 (대기업/중소기업)	부채 구조 전환 (헤지 목적) 원화 혹은 달러 조달 수단 (통화 스왑)

금리 스왑의 이용 사례

금리 스왑에 대해 처음 다룬 장에서 간단한 이용 사례를 설명하면서, 금리 상승에 대한 위험을 헤지하기 위해 변동 금리 부채 구조를 고정 금리로 전환하는 사례를 소개했습니다. 반대로 고정 금리의 부채 구조를 변동 금리로 전환하는 경우도 쉽게 생각해 볼 수 있습니다. 여기서는 비교 우위를 통한 차입 비용 절감 목적으로 금리 스왑이 활용되는 예를 소개합니다. 다음과 같은 조건으로 A기업과 B기업은 자금 조달이 가능합니다.

	고정 금리	변동 금리
A기업	4.0%	CD + 1.0%
B기업	5.0%	CD + 1.3%

CD 금리와 교환되는 스왑 금리: 3.35%

A기업이 B기업에 비해 자금 조달 시장에서 더 싼 금리에 조달이 가능한 절대 우위에 있지만, 고정 금리 차입시 A기업이, 변동 금리 차입시 B기업이 상대적인 비교 우위에 있습니다. 이는 국제 무역에서 발생하는 일반적인 비교 우위 이론과 동일하게 이해해 볼수 있습니다. 고정 금리 비교 우위인 A기업은 고정 금리로 조달하고, 변동 금리 비교 우위인 B기업은 변동 금리로 조달한 다음 A기업과 B기업이 변동 금리와 고정 금리를 교환하는 금리 스왑을 하면총 0.70%의 금리 절감 효과가 발생하므로 A기업과 B기업은 각각0.35%의 자금 조달 절감 효과를 얻을 수 있습니다.

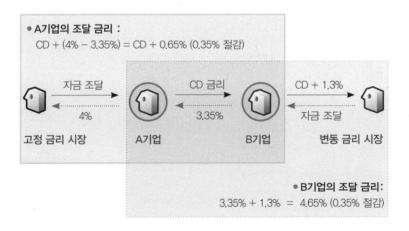

위의 스왑을 통해 A기업과 B기업은 보다 낮은 금리로 조달할 수있는 이익을 얻게 됩니다.

다음은 금리 스왑과 기본적인 개념은 동일하지만 기준 통화와상대 통화에 대한 개념이 포함되는, 그래서 외화 조달과 관련해서중요한 수단이 되는 통화 스왑에 대해 알아봅니다.

그릭이야기

감마(Gamma) 첫 번째 감마란, 기초 자산이 한 단위 움직일 때, 델타의 변화를 나타낸다. 금리 상품으로 설명해 보자면, 금리 1bp 움직일 때의 델타이 변화를 의미한다. 보통 옵션을 비선형 상품 혹은 볼록성(convexity)을 가지는 상품이라 하는데, 이러한 특성을 나타내는 그릭이 감마이다. 감마가 양(+)일 경우 금리가 상승할 때 델타는 기존 값보다 증가하게 되고, 감마가 음(−)일 경우 금리가 상승할 때 델타는 감소하게 된다.

통화 스왑(CRS)

앞에서 통화 스왑(CRS: Cross Currency Interest Rate Swap)의 개념에 대해 알아보았습니다. 금리 파생의 범주 내에 통화 스왑도 포함이 되기 때문에 다시 한 번 통화 스왑에 대해 정리해 보고, 이용 사례를 좀 더 구체적으로 살펴봅니다.

통화 스왑

금리 스왑(IRS)은 동일 통화 간 변동 금리 이자와 고정 금리 이자의 교환으로 이루어진다고 설명했습니다. 통화 스왑은 서로 다른 통화의 금리에 대한 이자와 원금을 교환하는 스왑입니다.

통화 스왑은 거래 당사자가 특정 통화의 현금 흐름을 다른 통화의 현금 흐름으로 바꾸고 싶을 때 이용할 수 있습니다. 크게 다음과 같이 세 가지로 나누어 볼 수 있습니다.

(1) 계약 시점에서 기준 통화(예: 원화)에 원금과 이에 상당하는 상대 통화(예: 미화/ 엔화)에 대한 금액을 교환하고, 만기시 교환할 약정 환율을(일반적으로 스폿spot 환율) 결정합니다.

(2) 계약 실행 후 만기까지 원금에 기초하여 각 통화 간 금리에 해당하는 이자를 교환합니다.

(3) 계약 만기일에는 금리 교환과 같은 방향으로 계약 시점에 미리 약정한 환율에 의해 원금을 교환합니다.

사례를 통해 통화 스왑의 구체적 모습을 알아봅니다.

CASE

B기업은 신규 투자를 위해 A은행으로부터 1,000만 달러를 3년간 LIBOR + 2%로 차입하였다. B기업은 국내 수요를 주요 대상으로 하는 기업으로 환율 변화에 의해 3년 후 상환해야 할 부채 규모가 달라질 수 있으며, 현재 LIBOR 금리가 바닥이라 판단하고 있다. 앞으로 LIBOR 금리 상승이 불안한 B기업은 C스왑은행과의 통화 스왑 거래를 통해 환율 변동 리스크와 금리 리스크를 헤지할 수 있다. (스폿spot 환율: 1,200원, 3Y CRS: 3% 가정)

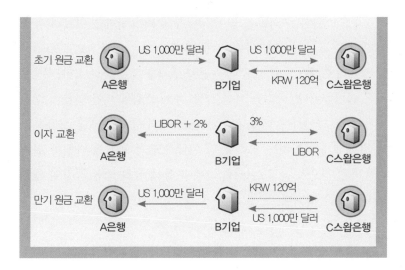

위의 예에서 B기업은 외화 부채 1,000만 달러와 LIBOR에 대한 리스크를 통화 스왑(CRS)을 통해 원화 금리 5%(= 3% + 2%)로 전환하여 헤지하고 있습니다. 통화 스왑은 외화 관련 현금 흐름을 원화로 변환시킬 뿐만 아니라, 금리 관련 리스크까지 헤지하는 용도로 사용할 수 있습니다.

자산 스왑 vs. 부채 스왑

앞서 통화 파생 편에서 Tip으로 알아봤지만 금리 관련 경제 기사나 뉴스를 보면 가끔 자산 스왑(asset swap)이나 부채 스왑(liability swap)이란 이야기가 많이 등장합니다. 보통 자산 스왑과 부채 스왑은 통화 스왑 시장에서 많이 언급되는데, 각 개념을 다시 한 번 정리해 보겠습니다.

자산 스왑은 수익률을 높이거나 투자자가 원하는 현금 흐름을 얻기 위한 스왑입니다. 이에 반해, 부채 스왑은 일반적으로 우리가 앞에서 다루었던 자금 조달과 관련한 부채를 다른 통화로 바꾸는 스왑을 의미합니다. 이러한 자산 스왑, 부채 스왑에 대한 언급이 많은 이유는, 해외에서 달러나 유로와 같은 해외 통화 채권을 보유하거나 발행해서 얻어지는 외화 관련 현금 흐름을 원화로 바꾸기 위해 사용하는 경우가 많고, 이러한 스왑을 통해 통화 스왑 시장이 영향을 받기 때문입니다.

다음은 통화 스왑 시장이 자산 스왑과 부채 스왑으로 인해 어떻게 영향을 받는지에 대해 알아봅니다.

통화 스왑(CRS):
자산 스왑 vs. 부채 스왑

앞서 통화 스왑의 이용 사례와 자산 스왑과 부채 스왑의 개념에 대해 간단히 살펴보았습니다. 오늘은 자산 스왑과 부채 스왑이 통화 스왑(CRS) 시장에 어떤 영향을 미치는지에 대해 알아봅니다.

CRS 시장에서 자산 스왑의 이용

자산 스왑(asset swap)은 해외 채권과 같은 해외 통화 표시 자산을 투자 목적으로 가지고 있는 투자자가 환 리스크와 금리 리스크를 관리하기 위해, 통화 스왑(CRS)을 통해 원화 고정 금리를 수취하는 현금 흐름으로 바꾸는 스왑을 의미합니다.

다음 사례를 통해 CRS 시장에서 자산 스왑의 구체적 이용 형태를 알아봅니다.

CASE

1,000만 달러 규모의 해외 채권(투자 목적으로 보유하는 자산)을 보유한 A기업은 환 리스크를 관리하기 위해 CRS 거래를 통해 달러 채권을 원화 채권의 현금 흐름으로 전환하려 한다. A기업은 금융 기관으로부터 1,000만 달러를 받고(나중에 해외 채권으로부터 원금 1,000만 달러가 들어오기 때문) 이에 상응하는 원화를 지급하는 대신, 원화에 대한 고정 금리를 받고 LIBOR 금리를 지급하는 통화 스왑 금리 수취(CRS receive) 거래를 한다.

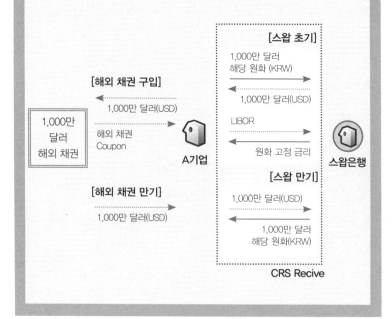

위의 거래와 같이 해외 통화 표시 자산의 현금 흐름을 원화 자산의 현금 흐름으로 바꿀 수 있는 자산 스왑은 CRS receive(통화 스왑 금리 수취) 형태로 시장에 출회되고, 이는 통화 스왑 금리(CRS rate)가 하락하게 만드는 영향을 줍니다.

CRS 시장에서 부채 스왑의 이용

부채 스왑(liability swap)은 위의 자산 스왑과 반대로, 해외 통화 표시 채권의 발행을 통해 자금을 조달한 후 이 자금을 국내에서 사용할 수 있는 원화로 바꾸기 위해 원화 고정 금리를 지급하고 LIBOR 금리를 받는 CRS pay(통화 스왑 금리 지급) 형태로 이루어집니다.

예를 들어, 1,000만 달러 규모의 채권을 발행한 B기업은 CRS pay를 통해 초기에 조달한 1,000만 달러를 원화로 바꿀 수 있게 됩니다. 스왑 기간 내에는 1,000만 달러에 상응하는 원화 금액에 대한 원화 고정 금리를 지급하고, 1,000만 달러에 대한 LIBOR 금리를 받게 됩니다. 만약 발행한 1,000만 달러 규모의 채권이 LIBOR + α 형태의 변동 금리 채권일 경우, CRS pay(통화 스왑 금리 지급)를 통해 스왑 기간 내 얻어지는 LIBOR 금리를 활용하여 금리 리스크를 헤지할 수도 있습니다.

위의 자산 스왑의 금리와 정확히 반대 구조를 가지는 다음과 같은 모습으로 거래가 이루어집니다.

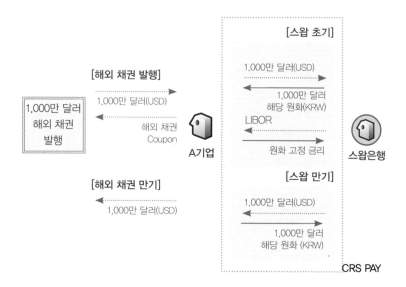

따라서 부채 스왑이 시장에 출회될 때에는 CRS pay가 크게 나오기 때문에 통화 스왑 금리(CRS rate)가 상승하는 영향을 끼칩니다.

이제까지 선형적인 손익 구조를 가지는 금리 파생 상품들을 살펴보았습니다. 다음에는 비선형적 손익 구조를 가지는 금리 옵션 상품에 대해 알아봅니다.

22 Chapter

금리 옵션:
Cap & Floor

이제까지 살펴본 금리 선물이나 스왑의 경우는 계약 조건에 대한 권리와 의무를 동반하는 특성에 따라, 손익 구조가 선형적(linear)인 모습을 보입니다.

이에 반해 옵션은 의무를 동반하지 않는 '권리를 사고파는 것'이고, 만기가 되기 전까지 비선형(nonlinear)적인 손익 구조를 갖는 것이 특징입니다. 이 장에서는 금리 옵션에 대해 알아봅니다.

금리 옵션이란?

금리 옵션이란 금리 상품에 대한 옵션으로 정의할 수 있습니다. 이제까지 다루었던 금리 혹은 금리 상품으로 어떤 것들이 있었나요? 91일 CD 금리와 3개월 LIBOR 금리가 있었고, 채권과 채권 선물, 미래 한 시점부터 일정 기간에 해당되는 금리인 FRA, 금리 스왑과 관련한 IRS 금리, CRS 금리 등이 있었습니다. 이러한 상품을 기초 자산으로 하는 옵션을 금리 옵션이라 합니다.

금리의 대표적 상품인 채권의 경우를 살펴보면, 채권 현물은 장외에서 거래되는 특성이 있어 기초 자산이 되는 현물의 가격 자체를 실시간으로 파악하기 어렵고, 거래 또한 장내 거래 상품만큼 수월하지 않는 면이 있어 기초 자산으로 다루기 힘든 부분이 있습니다. 따라서 채권에 대해서는 현물 옵션보다는 선물 옵션이 주로 거래됩니다. 그러나 우리나라에서는 채권 선물 옵션도 많이 거래되지 않고, 주로 장외 시장을 통해 CD 금리를 기초 자산으로 하는 '캡(cap)'과 '플로어(floor),' 스왑 금리를 기초 자산으로 하는 '스왑션(swaption)'이 거래됩니다.

장외 금리 옵션 1: Cap & Floor, Collar

금리 캡(cap)이란 계약 당시 행사 금리(strike rate) 이상으로 기준 금리(보통 단기 시장 금리, 우리나라: 91일 CD 금리)가 올라가면 캡 매수자가 캡 매도자에게 '기준 금리' – '행사 금리'만큼을 받는 권리를 갖는 계약입니다. 각 결제일(일반적으로 3개월)에 캡 매수자가 캡 매도자에게 받는 금액은 기준 금리와 행사 금리의 차이에 일정한 명목 원금을 곱한 액수가 됩니다. 만약 기준 금리가 행사 금리보다 낮으면 수취할 금액은 없게 됩니다. 대신 캡 매수자는 계약 초기에 해당 옵션에 대한 프리미엄만큼 캡 매도자에게 지불합니다.

예를 들어, 3년 만기 3% strike를 가지는 캡을 매수한 매수자는 아래 그림과 같이 3개월마다 CD 금리 가격을 확인해서 3% 이상이 되는 경우 'CD 금리 – 3%' × '명목 금액' × 1/4만큼(금리는 연율이므로

3개월은 1/4)의 액수를 받게 됩니다. 즉 3개월마다 아래 그림과 같은 옵션을 3년 동안 갖고, 각 3개월의 옵션을 '캡릿(caplet)'이라 부릅니다. 즉 3년 캡은 12개 캡릿의 합이라 볼 수 있습니다.

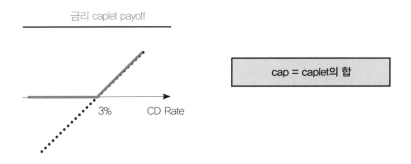

금리 caplet payoff

3%   CD Rate

cap = caplet의 합

    금리 인상에 대한 리스크를 가진 대상에게 금리 캡 매수 포지션은 헤지 용도로 이용될 수 있습니다.

    금리 플로어(floor)는 행사 금리 이하로 기준 금리(보통 단기 시장 금리, 우리나라: 91일 CD 금리)가 내려가면 플로어 매수자가 플로어 매도자에게 '행사 금리' – '기준 금리'만큼을 받을 수 있는 권리를 가지는 계약입니다. 각 결제 시점에 플로어 매수자가 플로어 매도자에게 수취하는 금액은 행사 금리와 기준 금리의 차이에 일정한 명목 원금을 곱한 액수가 됩니다. 대신 역시 옵션 매수자는 매도자에게 옵션에 대한 프리미엄을 제공해야 합니다. 금리 캡을 금리에 대한 콜(call) 옵션으로 생각한다면, 금리 플로어는 풋(put) 옵션을 생각하면 됩니다. 플로어 역시 플로어릿(floorlet)의 합으로 구성됩니다. 캡과 반대로, 플로어를 이용하면 금리 하락에 대한 리스크를 헤지할 수 있습니다.

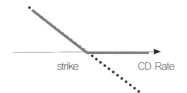

금리 floorlet payoff

strike   CD Rate

floor = floorlet의 합

금리 칼라(collar)는 금리 캡과 플로어의 결합된 형태를 말합니다. 캡과 플로어 중 하나를 팔고, 하나를 사기 때문에 금리 캡이나 플로어를 사는 것보다 낮은 프리미엄으로 구입할 수 있는 장점이 있습니다.

예를 들어, 금리 칼라(5%~9%) 매수를 하면 금리 캡(9%)을 매수하고 금리 플로어(5%)를 매도하는 것과 동일합니다. 따라서 금리가 9% 이상 올라가는 리스크를 헤지하는 대신, 5% 이하로 떨어지는 리스크를 감수하는 포지션이 구축됩니다. 따라서 금리 상승에 대한 자신이 크고, 헤지에 대한 부담을 덜고 싶을 때 금리 칼라를 이용합니다.

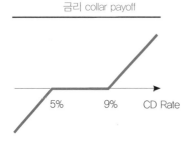

금리 collar payoff

5%   9%   CD Rate

collar =
cap(strike1) − floor(strike 2)

다음에는 스왑(swap) 금리에 대한 옵션인 스왑션(swaption)에 대해 알아봅니다.

금리 옵션: Swaption

앞서 기준 금리(보통 단기 시장 금리, 우리나라: 91일 CD 금리)에 대한 옵션인 캡과 플로어와 그리고 이들의 조합인 칼라에 대해 살펴보았습니다. 오늘은 스왑(swap) 금리를 기초 자산으로 한 옵션인 스왑션(swaption)에 대해 알아봅니다.

스왑션

스왑션은 계약 시점에 정해진 스왑 금리(행사 금리strike rate)로 스왑을 할 수 있는 권리, 즉 스왑에 대한 옵션 거래입니다. 고정 금리를 지급하는 스왑을 할 수 있는 권리는 payer's swaption(고정 금리 지급 스왑션)이라 하고, 고정 금리를 받는 스왑을 할 수 있는 권리를 receiver's swaption(고정 금리 수취 스왑션)이라 합니다.

일반적으로 스왑션은 '옵션 만기' × '스왑 만기' 형태로 표현합니다.

예를 들어, 2년 × 3년 payer's swaption은 2년 뒤에 3년 만기 고정 금리 지급 스왑을 할 수 있는 권리를 말합니다. 즉 옵션 만기 2년인 시점에서 3년짜리 스왑 금리가 행사 금리 이상일 때 행사 금리로 스왑을 지급(Pay, 고정 금리 지급, 변동 금리 수취)할 수 있는 권리입니다. 예를 들어, 5년 만기 모기지 대출을 받은 대출자가 2년까지는 고정 금리로 대출 금리를 부담하고, 2년 후 3년 동안 변동 금리로 부채를 갚아야 합니다. 2년 후부터 3년 동안 변동 금리에 노출된 대출자는 2년 × 3년 payer's swaption 매수 거래를 통해 2년 후 금리 상승에 대한 리스크를 헤지할 수 있습니다. 2년 후 행사 금리보다 3년 만기 스왑 금리가 올라갈 경우, 스왑션 권리 행사를 통해 고정 금리 부채로 전환할 수 있을 것입니다. 스왑션 거래는 캡(cap)/플로어(floor)와 마찬가지로 금리에 대한 옵션 거래이기 때문에, 매수할 경우 이에 대한 프리미엄을 지불해야 됩니다.

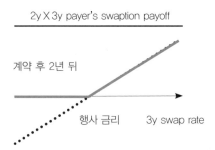

위의 그림과 같은 수익 구조를 갖게 되는 payer's swaption은 지금 금리를 고정시키는 옵션이므로 금리 상한 계약인 캡과 유사한 성격을 갖습니다.

그러나 프리미엄에서는 차이가 있습니다. 캡과 스왑션 중 어느 것이 더 프리미엄이 비쌀까요? 그리고 그 이유는 무엇일까요? 위에서 소개한 payer's swaption과 반대인 receiver's swaption은 행사 금리 이하로 스왑 금리가 떨어질 때 행사하게 되면, 행사 금리를 받는 스왑을 옵션 만기일에 할 수 있는 거래를 말합니다. 이는 앞에서 설명한 플로어의 개념과 유사하다 할 수 있습니다.

스왑션 vs. 캡/플로어

지급 금리를 고정시키는 성격의 payer's swaption과 캡을 비교해 보면, 캡의 경우 결정일(3개월)마다 기준 금리인 CD 금리를 관찰하여 행사 금리보다 높을 경우에는 권리 행사가 가능합니다. 그러나 스왑션의 경우는 옵션 만기일에 고정 금리를 지급하는 스왑을 행사할 것이냐 하지 않을 것이냐 선택할 수 있는 권한이 한 번밖에 없습니다. 정리하면, 캡은 매 결정일의 캡릿(caplet)들의 합이기 때문에 여러 옵션의 조합으로 볼 수 있고, 스왑션은 옵션이 하나라고 생각할 수 있습니다. 따라서 캡에 대한 프리미엄이 스왑션의 프리미엄보다 비싸게 됩니다.

마찬가지 논리로 receiver's swaption은 금리 하한 계약 성격을 가진 플로어와 유사한 특성을 가지고 있으면서, 플로어의 프리미엄보다는 상대적으로 프리미엄이 싸게 됩니다. 결국 옵션 프리미엄은 옵션 매수자가 권리를 행사하는 데 따른 보상 가치라 생각할 수 있는데, 스왑션은 그 권리 행사 시기가 한 번에 그치는데 반하여 캡과 플로어는 일정 기간 단위로 수차례 권리를 행사할 수 있으므로 스왑

선 대비 프리미엄이 비싸다라고 이해하면 됩니다.

예를 들어, 1년 뒤에 시작하는 2년 만기 캡의 프리미엄은 1년 뒤에 행사되는 2년 만기 payer's swaption(1y × 2y payer swaption)보다 높은 프리미엄을 가집니다.

---

cap / floor premium 〉 swaption premium

이제까지 시장에서 거래되는 기본적인 형태(Plain-vanilla)의 금리 파생 상품에 대해 알아보았습니다. 다음은 이러한 단순한 형태의 금리 파생 상품을 기본으로 다소 복잡한 손익 구조를 가진 구조를 가진 구조화 상품에 대해 알아봅니다.

구조화 금리
파생 상품

'구조화'하면 왠지 건설이나 토목 현장에 어울릴 것 같은 단어입니다. 하지만 우리는 ABS와 같은 자산 유동화 상품에 '구조화'란 단어가 언급되는 것을 들어본 적이 있습니다. 우리는 지금까지 FRA, 금리 선물, 금리 스왑, 금리 옵션에 이르기까지 이른바 플레인 바닐라(plain-vanilla)라고 부르는 기본적인 형태의 금리 파생 상품 개념과 특성에 대해 살펴보았습니다. 오늘은 이러한 기본적 파생 상품들의 구조화 및 결합을 통해 보다 가치 있고 새로운 상품을 만들어 내는 구조화 금리 파생 상품에 대해 알아봅니다.

구조화 상품이란?

구조화 상품(structured products)이란 '주식, 채권, 통화, 상품 등 이용 가능한 모든 기초 자산들에, 선도, 선물, 스왑, 옵션과 같은 기본적인 파생 상품을 결합하여 새로운 형태 손익 구조를 가지도록 설계한 금융 상품'을 의미합니다. 구조화 상품의 일반적인 예로, 재테크에 관심 있는 사람은 한번쯤 들어 보았던 ELS(Equity Linked Securities)나 DLS(Derivatives Linked Securities)가 있고, 구조화된 손익 구조(payoff)를 갖는 채권 형태의 '구조화 채권'이 있습니다.

구조화 상품은 기초 자산, 거래 형태, 상품 내 구성된 손익 구조 등에 따라 여러 종류로 분류할 수 있습니다. 간단하게 기초 자산에 따라, 금리 구조화 상품, 주식 구조화 상품, 통화 구조화 상품, 원자재 구조화 상품, 신용 구조화 상품 등으로 나눠볼 수 있습니다. 거래 형태로는 구조화 채권(structured note, DLS, ELS 등), 구조화 펀드(structured derivatives fund), 구조화 예금(ELD 등) 등으로 분류할 수 있습니다.

우리가 다룰 금리 구조화 상품은 상품 구조를 결정하는 기초 자산이 금리나 금리 관련 인덱스(index)로 분류되는 경우를 말합니다. 금리 구조화 상품은 상품을 다루는 주체에 따라 은행에서 많이 다루는 구조화 채권, 대출 연계 스왑과 증권사의 DLS 형태로 구분 지어볼 수 있습니다.

금리 구조화 상품의 이용 목적

금리 구조화 상품은 다음과 같은 목적으로 활용할 수 있습니다.

(1) 금리 구조화 상품을 통해 일반 채권에 대한 투자보다 고수익을 얻을 수 있습니다. (yield enhancement)

▶ 투자자가 파악하고 감안할 수 있는 시장 리스크 내에서 파생 상품을 통한 레버리지를 일으켜 일반적인 타 금리 상품의 수익률보다 높은 수익률을

제공할 수 있게 됩니다. 단, 원하는 방향이 아닌 쪽으로 시장이 움직일 경우 일반 금리 상품에 비해 큰 손해를 볼 가능성도 있습니다.

(2) 리스크 관리 수단으로 이용할 수 있습니다. (risk management)

▶ 어떤 회사에서 여러 금융 기관으로부터 받은 대출이 변동과 고정 금리가 섞여 있어 금리 구간에 따른 리스크 프로파일(risk profile)이 변할 경우, 이러한 리스크를 상쇄시킬 수 있는 구조화 상품을 통해 리스크를 헤지할 수 있습니다. 간단하게 생각해서 원화와 미 달러에 대한 변동 금리 대출로 인한 금리 상승 리스크에 노출되어 있는 기관이 있을 경우, 원화 CD 금리와 미국 LIBOR 금리에 따라 손익 구조(payoff)가 커지는 형태의 구조화 상품을 가지고 있을 경우 리스크를 헤지할 수 있습니다.

(3) 발행자가 금리 구조화를 통해 자금 조달 수단으로 활용할 수 있습니다.

▶ 통화 스왑과 같이 거래 초기와 만기 시점에 이종 통화 간에 원금 교환이 있을 경우 원화 혹은 외화 조달 수단으로 이용할 수 있습니다.

은행에서 이용할 수 있는 금리 구조화 상품

위와 같은 목적으로 거래되는 금리 구조화 상품은 시중 은행에서 다음과 같이 구조화 채권과 대출 연계 스왑 형태로 거래할 수 있습니다. 구조화 채권은 은행 입장에서 보다 저비용으로 조달을 할 수 있는 장점을 갖고, 투자자는 보다 높은 수익률을 얻을 수 있는 특성을 가집니다. 반면, 대출 연계 스왑은 고객 측에서 조달 금리를 줄

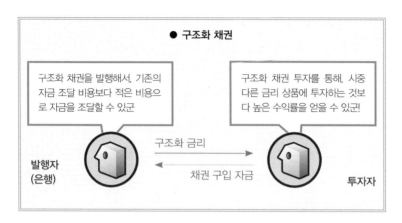

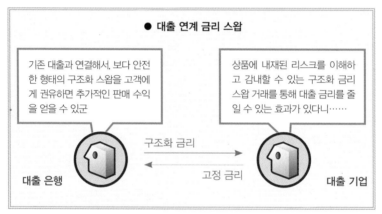

일 수 있는 기회를 얻게 되고, 은행은 파생 상품 판매를 통한 추가 수익을 올릴 수 있다는 특성을 가집니다.

다음은 구조화 채권에 대해 좀 더 알아봅니다.

25 Chapter

구조화 금리 상품: 구조화 채권 Ⅰ

IT에서 촉발된 닷컴 버블 이후, 경기 침체를 부양하고자 2000년 이후 글로벌 저금리가 시작되었고, 국내 원화 금리도 꾸준히 하락하여 저금리 기조가 지속되었습니다. 방황하던 투자자들의 흥미를 끌며 등장한 것이 금리 구조화 상품이었고, 가장 일반적인 형태가 구조화 채권이었습니다. 저금리 상황에서 보다 고수익을 가능하게 하는 구조화 채권은 시장에서 매우 인기가 높았고, 보다 수요를 견인하는 효과로 대중화되기에 이르렀습니다. 이번 장에서는 금리 구조화 상품의 가장 일반적인 형태인 구조화 채권의 세계에 대해 알아봅니다.

구조화 채권의 특성과 거래 구조

국내에서 2005년까지 거래된 대부분의 구조화 채권은 원화 금리 연계 구조화 채권이었고 2006년부터 다양한 형태의 구조화 채권이 시장에 등장하게 되었습니다. 물론 2008년부터 불거진 신용 경색으로 인한 금융 시장 위축으로 구조화 채권 시장이 다소 축소되었지만, 다시 2009년 2사분기를 지나며 투자자들이 많은 관심을 보이고 있습니다.

구조화 채권 발행은 일반적으로 발행자 입장에서는 일반 채권 대비 조달 금리 절감 효과를 목적으로, 투자자의 입장에서는 투자 수익률 향상을 목적으로 거래되는 경우가 대부분입니다. 일반적으로 구조화 상품의 손익 구조(payoff)가 금리 인덱스를 특정 구간 내에 가두어 고금리를 주는 경우가 많습니다(예를 들어, 91 CD 금리가 0%~7% 안에 존재할 때 6%의 쿠폰coupon을 줌). 이는 변동성 매도 포지션을 통해 수취하는 옵션 프리미엄을 발행자의 발행 금리에 추가하여 구조화 채권의 수익률을 높이는 개념으로 이해할 수 있습니다.

위와 같은 일반적인 형태의 구조화 채권에서 금리 인덱스가 특정 구간을 벗어날 경우, 손해가 발생하게 되고, 이 경우 투자자는 일반 채권의 수익률보다 낮은 수익률을 얻게 될 수 있습니다. 하지만 투자 손실이 발행자에게 귀속되지는 않는다는 점을 기억해야 합니다. 그만큼 투자자 역시 손실 상황에 대한 시장 리스크를 파악하고, 감내할 수 있는 리스크 프로파일을 가진 상품에 투자해야 합니다.

원화 구조화 채권의 거래 구조

각 거래의 구성원들은 다음과 같은 목적과 특성을 가집니다.

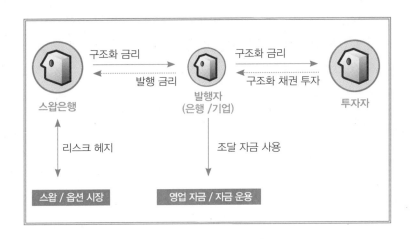

 발행자 (은행/기업)

발행자는 주로 은행, 금융 기관(카드사나 보험사), 공기업, 일반 기업 등으로 구조화 채권 발행을 통해 조달 금리를 낮출 수 있습니다. 보통 고금리의 구조화 채권 쿠폰을 위해 스왑은행과 백 투 백(Back-to-Back) 형태로 구조화 스왑을 체결하기 때문에 시장 리스크를 전혀 가지지 않습니다. 발행자 입장에서 지급하는 발행 금리가 일반 채권 발행 금리보다 낮을 경우 구조화 채권을 통해 조달 금리를 절감할 수 있게 됩니다.

투자자

투자자는 일반 채권의 쿠폰보다 구조화 채권의 구조화 쿠폰이 높은 경우 이에 대한 투자를 고려해야 합니다. 다만, 구조화 쿠폰은 일정 조건이 만족되는 경우 쿠폰이 지급되기 때문에 감내할 수 있는 시장 리스크 내에서 투자를 고려해야 합니다.

스왑은행

스왑은행은 발행자의 구조화 채권 손익 구조(payoff)를 지급하는 구조화 스왑 거래를 통해 수익을 추구합니다. 구조화 채권의 손익 구조(payoff)를 분해하여 거래 가능한 단순 금리 파생 상품으로 나누어 시장 거래를 통해 수익을 얻습니다. 일반적으로 이러한 스왑은행 역할을 외국계 은행에서 담당했으나, 2007년 이후 시중 은행들의 참여가 늘어나고 있습니다. 보통 스왑은행에서 투자자가 관심을 가질 만한 상품을 구조화하고 마케팅도 직접 담당하는 경우가 일반적입니다.

다음은 간단한 구조화 채권에 대해서 알아봅니다.

그릭이야기

감마 두 번째　지난 이야기에 '감마'의 개념을 소개했다. 감마와 델타의 관계를 쉽게 표현하자면, 델타가 자산 가격 변화에 대한 옵션 가치의 변화로 나타나므로 옵션 가치에 대한 자산 가격의 1차 미분이라 하면 감마는 옵션 가치에 대한 자산 가격의 2차 미분이라는 의미를 가진다고 할 수 있다. 감마가 큰 경우, 기초 자산이 금리인 경우 금리 변화에 따른 델타 변화가 크기 때문에 이를 조정하기 위한 델타 헤지 거래가 많이 필요하다. 일반적으로 옵션을 매수하는 경우 양(+)의 감마 포지션(롱 감마long gamma 포지션)이 되는데, 금리가 증가할 경우 기존 델타의 값이 더욱 증가하므로 델타로 인한 이익은 커지고, 금리가 감소할 경우 델타가 작아지게 되므로 델타로 인한 손실은 감소하게 된다. 그러나 옵션 매수는 초기 옵션에 대한 프리미엄 지급이 있기 때문에, 이러한 롱 감마 포지션에 대한 대가로 프리미엄을 지급하는 것으로 생각할 수 있다.

26 Chapter

구조화 금리 상품:
구조화 채권 Ⅱ

앞에서 구조화 채권의 거래 구조와 각 구성원의 목적과 특성에 대해 알아보았습니다. 이 장에서는 가장 간단한 형태의 구조화 채권을 실제 사례를 통해 알아보고, 이를 헤지하는 방법에 대해서 살펴봅니다.

가장 간단한 형태의 구조화 채권 - 콜러블 노트

콜러블 노트(callable note)는 가장 간단한 형태의 구조화 채권으로 발행자가 만기 이전에 조기 상환할 수 있는 권리를 가진 채권입니다.

CASE

콜러블 노트 발행을 예정하고 있는 B은행은 다음과 같은 시장 상황에서 A스왑
은행과 스왑 거래를 통해 시장 리스크를 헤지한 백 투 백(Back-to-back) 형태
의 거래를 계획하고 있습니다.

B은행의 콜러블 노트 발행 조건

- **만기:** 10년
- **Call 조건:** Non-call 5년,
  quarterly call thereafter
- **Coupon:** 7%, Quarterly

시장 상황

- **만기 5년 은행채:** 5.8%
- **5년 변동 금리 조달 금리:** CD+20bp
- **10년 IRS:** 6%
- **5Y X 5Y swaption premium:** 400bp

A스왑은행과 B은행의 구조화 스왑

- **만기:** 10년
- **Call 조건:** Non-call 5년,
  quarterly call thereafter
- **Call option holder:** A 스왑은행
- **A 스왑은행 pay:** 7%, quarterly
- **B 은행 pay:** CD + 5bp, quarterly

B은행의 콜러블 노트의 손익 구조(payoff)를 지급하는 형태의 스
왑 거래를 한 A스왑은행은 다음과 같은 거래를 통해 이를 시장에서
헤지합니다. 전체적인 거래 구조는 다음과 같습니다.

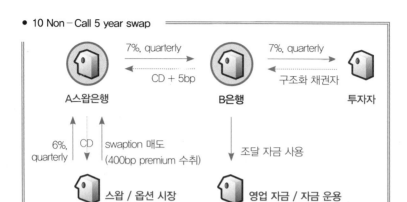

• 10 Non – Call 5 year swap

위와 같은 거래를 통해, 거래에 참여한 각 구성원은 다음과 같은 결과를 가집니다

B은행

B은행은 콜러블 노트 발행을 통해, 최초 (콜) 가능 시점인 5년 이상의 자금 조달이 가능합니다. 5년 FRN 조달 금리가 CD+20bp라고 가정하면, 구조화 채권 발행을 통해 CD+5bp로 조달 가능하므로, 15bp의 조달 금리 절감 효과를 갖게 됩니다.

투자자

투자자는 5년 만기 은행채를 투자했을 경우 5.8%의 수익률을 갖게 되지만, 위의 콜러블 노트 투자를 통해 최소 5년 동안 1.2%(= 7% – 5.8%)의 높은 수익률을 얻을 수 있습니다. 대신 5년 이후 조기 상

환에 따른 재투자 리스크를 가집니다.

A스왑은행

스왑은행은 스왑 시장에서 10년 IRS 거래를 통해 6% 고정 금리 수취, CD 금리 지급을 통해 B은행과의 변동 수취 고정 지급에 따른 리스크를 헤지할 수 있습니다. 또한 총 채권 만기 10년 중에 Non Call 기간인 5년이 지난 후 조기 상환할 수 있는 권리는 앞에서 알아본 5Y × 5Y swaption에 해당합니다. A은행이 이 권리를 소유하고 있으므로, 금리 옵션 시장에서 스왑선 권리 매도를 통해 스왑은행은 프리미엄 수취할 수 있습니다. 금리 교환에서는 95bp 손해를 보게 되지만, 해당 프리미엄은 이를 상쇄하고 남기 때문에 여기서 이 거래를 통한 수익을 얻게 됩니다.

이번 장을 마지막으로 금리 파생에 대한 설명이 끝났습니다. 다음 장부터는 새로운 기초 자산에 대한 파생 상품에 대해 알아봅니다.

그릭이야기

쎄타 Theta 지난 이야기에 '감마'에 대한 이야기를 하면서, 일반적인 옵션 매수의 경우 롱 감마 포지션이 되고, 그에 대한 대가로 프리미엄을 제공한다는 설명으로 마무리했다. 파생 상품의 가치는 시간에 따라 변하는데, 이를 나타내는 그릭이 쎄타다. 쎄타란 시간 변화에 따른 옵션 가치의 변화를 의미한다. 앞의 옵션 매수와 관련지어 설명하자면, 프리미엄을 주고 매수한 옵션이 시간에 따라 가치가 어떻게 변하는지를 나타내 주는 것이 쎄타다. 즉 감마와 쎄타는 기본적으로 반대 방향을 갖게 된다. 롱 감마 포지션을 통한 이익(기초 자산 변동에 의한 옵션 가치 변화)과 쎄타(시간에 따른 옵션 가치의 감소)를 통한 손실의 크기에 따라 옵션 매수 혹은 옵션 매도가 이익을 얻게 된다. 따라서 옵션을 운용하는 입장에서 감마와 쎄타는 매우 중요한 개념이 된다.

PART 3.

알기 쉬운
주식 파생 상품

27 Chapter

주가 연계 증권 (ELS)이란?

ELS는 고수익이 가능하다고 하던데, ELS가 무엇인가요?

ELS(Equity Linked Securities)란 기초 자산인 개별 종목의 주가나 주가 지수에 연동하여 만기 수익률이 결정되는 유가 증권으로 '주가 연계 증권'이라고 합니다. 주가라는 상품을 이용, 즉 파생해서 다른 자산을 만들어 내는 구조이므로 파생 금융 상품에 속하며, 장외 파생 상품 영업 허가를 받은 증권사만이 ELS를 발행 및 판매할 수 있습니다. ELS는 투자자의 성향에 맞도록 원금 보장 수준과 목표 수익률, 투자 기간 등을 결정할 수 있는 맞춤형 상품으로 새로운 투자 수단이 되고 있습니다.

ELS의 장점과 단점은?

ELS의 장점으로는 상품 구성의 다양함을 꼽을 수 있습니다. 투자 성향에 따라 100% 원금 보장, 90% 원금 보장, 원금 비보장 등 원금 보장의 정도를 선택할 수 있으며, 투자 기간 및 상품 구조를 투자자의 니즈에 맞는 맞춤형 상품 구성이 가능합니다.

또한 펀드는 운용 성과에 따라 수익률이 결정되지만, ELS는 증권사의 운용 성과와는 무관하게 사전에 정해진 조건에 따라 정해진 수익률을 지급합니다. 반면 ELS는 채권이나 주식에 비해 손익 구조가 다소 복잡하다는 단점이 있으므로 가입시 투자자의 세심한 주의가 필요합니다. 또한 만기 전에 중도 환매시 원금 손실의 가능성이 있으며, 주가가 예상과 달리 움직였을 때 손실 규모도 커질 수 있습니다.

장점	단점
− 다양한 투자 성향 충족: 원금 보장형, 원금 비보장형 − 다양한 기초 자산 투자 가능: 주식, 해외 지수 − 고객 맞춤형 구조 − 사전에 정해진 조건에 따라 정해진 수익률 지급 : 주가/지수의 변동에 따른 만기 수익이 사전 확정됨 − 상품 구조에 따라 주가가 하락하더라도 수익 달성 가능	− 환매의 제약이 있음 − 투자 손실 발생시 손실 규모가 큼 − 복잡한 구조: 점점 구조가 진화되면서 일반 투자자가 쉽게 이해하기 어려움

ELS의 시장 규모는 어느 정도?

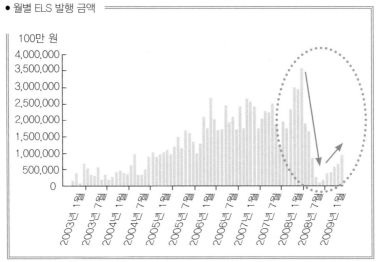

● 월별 ELS 발행 금액

출처: 금융투자협회

    ELS는 2003년부터 발행하기 시작하여 2008년 금융 위기가 발생하기 전까지 지속적으로 성장하였습니다. 2007년 연간 발행 규모는 25조 원에 달하기도 하였으나, 2008년 하반기에 주식 시장의 붕괴와 함께 ELS도 신규 시장이 얼어붙었습니다. 그러나 2009년 3월 이후의 KOSPI 훈풍과 함께 ELS 발행액은 다시금 회복세를 보이고 있고, 2009년도는 5월 말까지의 발행액이 약 3조 원에 이릅니다.

은행은 ELS를 발행할 수 없나?

ELS는 증권사만 발행할 수 있으며, 은행은 ELS를 발행할 수 없습니다. 그러나 은행은 ELS를 발행하는 증권사에 ELS에 내재된 옵션을 판매함으로써 ELS 시장 발전에 기여하고 있습니다.

다음은 ELS, ELF, ELD 등의 주가 연동 파생 상품의 차이점에 대해 알아봅니다.

주가 연동
파생 상품의 종류

ELS, ELF, ELD 등의 차이점

주가 연동 파생 상품은 ELS(Equity Linked Security), ELF(Equity Linked Fund), ELD(Equity Linked Deposit)로 다양하게 불리고 있습니다. 이 차이는 판매 금융 기관에 따라 구별하는 것이 아니고, 설계와 운용의 주체가 누구냐에 따른 것입니다. 상품 기획의 주체가 증권사이면 ELS, 자산 운용사이면 ELF, 은행 고유 계정일 경우 ELD가 됩니다. 이 외에도 원금 보장 유무에 따라 구분을 할 수도 있습니다. 원금 보장이라고 선전하는 상품이라도 설계와 운용 주체인 금융 기관의 종류

상품 기획의 주체		상품명
증권사	⟶	ELS
자산 운용사	⟶	ELF
은행	⟶	ELD

구분	ELS	ELF	ELD
운영 회사	증권사	자산 운용사	은행
상품 성격	유가 증권	수익 증권	예금
원금 보장 여부	발행 증권사가 부도가 나지 않는 한 사전 제시 수익률 지급	없음 (단지, 원금 보존 추구)	원금 보장 (일정 금액 이하일 경우 예금자 보호)
과세 부분	배당 소득세이나 이자 소득세와 세율은 동일	채권 혼합형인 경우 ELD, ELS와 동일한 세율이나 주식 혼합형인 경우 달라짐	이자 소득세 명목으로 부과하나 세율은 동일

에 따라 원금 보장의 범위에는 차이가 있습니다. 은행권의 ELD경우 5000만 원까지는 예금보험공사에 의해 원금이 보장되고, 증권사의 ELS는 ELD와 달리 발행 증권사가 부도가 나지 않는 한 원금 보장이 됩니다. 그러나 자산운용사의 원금 보존 추구형 ELF는 신탁 상품인 관계로 원금 보존을 추구하여 운용할 뿐, 원금 보장을 약속한 것은 아니므로 주의해야 합니다.

은행에서 ELS 가입할 수 있나?

은행 창구에서는 ELS, ELF, ELD 모두 가입이 가능합니다. 투신사의 ELF는 은행 창구에서 수익 증권의 형태로 팔리고 있고, 증권사의 ELS도 은행 창구에서 특정 금전 신탁의 형태로 팔립니다. 물론 ELD도 당연히 가입이 가능합니다.

다음은 ELS 대표적인 상품 구조에 대해 알아봅니다.

29 Chapter

2 Stock Step-down 구조

ELS의 대표 선수

ELS의 상품 구조로는 여러 가지가 등장했지만, 급한 성격의 한국인의 정서와 딱 맞아떨어진 구조는 '조기 상환형' 구조입니다. 조기 상환형 구조는, 예를 들어 최장 만기가 3년이더라도 6개월마다 주가를 관찰하여 일정 조건이 충족되면 고객이 하이 쿠폰(high coupon)을 받고 거래가 종료되므로, 고객들은 이를 3년짜리 상품이 아닌 6개월 혹은 1년의 단기 상품으로 받아들입니다. 또한 어렵지 않은 조건을 3년 동안 6번이나 제공하는 면이 심리적인 안정감을 주면서 조기 상환형 구조는 현재까지도 한국인에게 가장 인기 있는 구조입니다.

'2 Stock Step-down'이란?

2 stock step-down은, 조기 상환형 중에서 두 가지의 기초 자산

에 연동되면서 정해진 날짜(보통 6개월마다)에 worst performer(2개의 기초 자산 중 수익률이 저조한 주식)의 수익률이 일정 조건을 충족하면 정해진 쿠폰과 원금을 지급하며 거래가 종료됩니다. 하지만 만기까지 조기 상환 조건을 계속해서 충족하지 못한 경우에는 만기 평가 가격에 따라 원금 손실도 볼 수 있는 상품입니다. 조기 상환 행사 가격이 관찰시마다 낮아지는 것을 스텝 다운(step-down)이라 부르며, 따라서 이를 시장에서는 '2 stock step-down' 구조라고 합니다. 이를 다음 예를 들어 살펴봅니다.

CASE

1. **기초 자산:** 삼성전자와 신한금융지주
2. **상품 만기:** 최장 2년
3. **조기 상환 관찰일:** 매 6개월(총 6회)
4. **조기 상환 조건:** worst performer의 수익률이 매 관찰일별로 90%, 85%, 80%, 75% 이상일 경우 조기 상환 달성
5. **조기 상환 수익률:** 연 16%

조기 상환 시점	6개월	1년	1년 6개월	2년
상환 금액	108%	116%	124%	132%

6. **원금 손실 조건:** 만기까지 worst performer가 한 번이라도 최초 가격의 60% 미만으로 하락한 적이 있고 만기까지 조기 상환이 되지 않을 경우, [만기 주가/최초 주가]만큼만 고객에게 지급

● 수익 구조

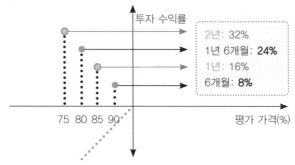

여기서 잠깐 !

원금 손실 조건을 보통 'Knock-In (KI) 조건'이라고 부릅니다. 여기서는 Knock-In 조건이 60%입니다.

위 상품은 기초 자산이 삼성전자, 신한금융지주이며, 6개월마다 조기 상환 기회가 부여됩니다. 조기 상환 조건을 살펴보면, 첫 회(가입 후 6개월 시점)에는 기초 자산 중에서 수익률이 낮은 주식(worst performer)의 주가의 수준이 설정시보다 90% 이상인 경우 원금의 8%의 쿠폰을 지급하고 거래가 종료됩니다. 그러나 관찰 시점에 주가가 많이 하락하여 90% 이상의 조건을 충족하지 못하면, 거래가 종료되지 못하고 다음 관찰일을 기다립니다. 다음 관찰일(1년 후)에는 조기 상환 조건이 85%로 좀 더 완화되고, 조기 상환시 쿠폰도 원금의 16%로 증가합니다.

투자자 입장에서는 첫 번째 조기 상환 시점에 상환되는 것보다 이연될수록 수취 쿠폰의 총액이 커지므로 이연되는 것이 좋아 보일 수 있습니다. 그러나 주의할 점은 조기 상환이 이연될수록 원금 손실의 가능성 또한 커지게 됩니다. 위 상품에서는 원금 손실 조건이 60%(Knock-In 조건)인데, 이 의미는 두 주식 중 어느 주식이라도 최초 가격의 60% 미만으로 하락한 적이 있는 상태에서 만기까지 조기 상환되지 못하면 만기에 원금이 손실된다는 것입니다.

조기 상환 조건이 90% – 85% – 80% – 75%로 낮아지는데도 조기 상환이 되지 못한다는 것은 주가가 그만큼 KI 조건인 60% 근처에 있다는 것이고 KI될 확률도 높아지게 되는 것입니다.

정기 예금 금리 대비 높은 쿠폰을 고객에게 제시할 수 있는 원리는?

첫 번째, 변동성이 큰 종목 이용: 변동성이 작은 KOSPI 200지수나 한국전력 같은 주식을 기초 자산으로 한 것보다 하이닉스, 현대중공업 같은 일 중 혹은 일간으로 등락이 심한 주식을 기초 자산으로 한 것이 더 많은 수익을 고객에게 지급할 수 있습니다.

두 번째, 두 기초 자산 간의 상관관계 이용: 개별 주식 2개 중 상대적으로 수익률이 저조한 worst performer를 기준으로 대고객 수익률을 제시하기 때문에 두 자산 간의 상관관계가 낮을수록 조기 상환 조건 달성이 어려워지며, 따라서 고객에게 높은 수익률을 제시할 수 있습니다.

다음은 진화한 스텝 다운 상품이라 불리는 슈퍼 스텝다운(super step-down) 구조에 대해 알아봅니다.

TIP

ELS 발행 시장 EPISODE ELS 발행 시장은 공모와 사모 시장으로 나뉠 수 있다. 공모는 주로 개인들을 대상으로 하고 사모는 보통 10억 이상으로 기관 집행 물량이 많다. 그러나 2008년 말 금융 위기 직후에는 기관들이 신규 집행 물량을 일시에 중지시켜 버려서 사모 물량을 찾는 것이 귀할 때였다. 어느 한 개인 고객이 400억 원의 ELS를 입찰에 붙여 시장 참여자들을 놀라게 하면서 상대적 허탈감(?)에 빠져들게 한 일도 있었다. 아침에 100억 구조 확정, 오후에 또 다른 100억 구조 확정! ELS를 100억 단위로 투자한다면, 총 재산은 얼마라는 말인가?

30 Chapter

Super Step-down 구조

리먼 사태 이후 새로운 강자로 등장

2008년 9월 리먼 사태로 주가가 급락하자 기존의 원금 비보장 ELS 상품이 거의 원금 손실에 이르렀습니다. 그러자 이후 시장에는 안정성을 강조하는 신상품들이 무더기로 쏟아졌습니다. 이 중에서 히트 상품이 바로 슈퍼 스텝다운(super step-down)입니다.

> 금융 시장 불안 속에서 손실을 제한하는 스텝 다운형 주가 연계 증권(ELS)이 안정 투자 '꽃남'으로 인식되며 불티나게 팔리고 있다…… 기존 '스텝다운형'이 투자 기간 중간에 단 한 번이라도 기초 자산의 주가가 정해진 범위 아래로 내려가면 손실이 났지만 이 상품은…… 주가가 제아무리 많이 빠져도 조기 상환 평가일이나 만기일 종가만 정해진 범위에 있다면 원금을 잃을 위험은 없다는 말이다. '슈퍼 스텝다운형'에 대한 투자자들의 반응은 가히 폭발적이다. 지난 주 XX증권이 판매한 'ELS XX회'(공모)는 100억 원 모집에 371억 원이 몰렸다. 지난해 말 증시 약세로 10억 원 모이기도 힘들었던 것을 감안하면 3.7 대 1의 경쟁률은 이례적이다.
>
> 《머니투데이》, 2009. 3. 12)

기존 스텝다운 상품과의 비교

	(1) 기존 'step-down with KI' 상품
구조	2년 (6개월마다 관찰) 조기 상환 행사가: 90-85-80-75 knock in level: 50
특징	주가가 하락하여 knock in level보다 떨어진 적이 있고 만기 시까지 상환되지 못할 경우 마지막 행사가(75)가 knock in level(50)보다 다소 높으므로 원금 손실 가능성이 크다는 단점이 있음. 즉 Knock In을 친 후에 최소한 25%의 주가 상승이 있어야 수익 구간에 진입함.
	(2) 'super step-down' 상품
구조	2년 (6개월마다 관찰) 조기 상환 행사가: 90-85-80-50 knock in level: 없음
특징	knock in level을 없애고 마지막 조기 상환 행사가를 50으로 대폭 낮추어 ((1)번 상품의 경우 75임) 상품의 안정성을 높임. 단, 제시 쿠폰의 수익률은 (1)번 상품에 비해 낮음.

　　슈퍼 스텝다운 구조는 만기의 상환 행사가를 기존의 Step-down with KI 구조에 비해 크게 낮추어 만기 상환의 가능성을 높인 상품입니다. 위의 예시에서 기존의 step-down with KI 구조는 만기 상환 행사가가 75%인데 반해 슈퍼 스텝다운은 50%입니다. 거래가 중도에 조기 상환되지 못하고 만기까지 계속되었을 경우 슈퍼 스텝다운 상품이 쿠폰을 받을 확률이 더 높습니다. 또한 주가가 중도에 크게 하락한 적이 있는 경우, step-down with KI 구조는 KI 베리어(barrier)를 쳤으므로 만기에 주가가 75%(만기 상환 행사가) 미만이면 원금 손실

이 나지만, 슈퍼 스텝다운은 주가가 50%(만기 상환 행사가) 미만일 때 원금 손실이 일어나므로, 원금 손실의 가능성 또한 낮습니다. 하지만, 만기까지 중도 상환되지 못하고 주가가 설정시의 40%에 있다면 위두 상품 모두 60%의 원금 손실을 볼 수밖에 없습니다. 슈퍼 스텝다운(super step-down)이 기존 상품의 안정성을 높인 것이지만, 만기시 주가가 큰 폭으로 하락하는 것까지에 대해서는 방어할 수 없습니다. 안정성은 '슈퍼 스텝다운'형이 기존의 'step-down with KI'형보다 높습니다. 그럼, 두 구조 간 수익률 차이는 어느 정도 날까요? 동일한 시장 조건하의 두 상품을 다음과 같이 비교해 봅니다.

구 분	step-down with KI	super step-down
공통 구조	KB금융 & 삼성중공업, 2년 만기, 4개월마다 조기 상환 기회	
수익률	연 37.5%	연 24.0%
행사가 & KI	85-85-80-80-75-75 K I = 50	85-85-80-80-75-50 K I: 없음

수익률 차이가 꽤 큽니다. 슈퍼 스텝다운 상품은 원금 손실에 대한 가능성이 낮아진 반면, 기대 수익률 또한 낮습니다. 저위험 저수익(low risk / low return)성 상품입니다. 따라서 이와 같은 구조의 상품은 변동성이 높을 경우에만 시장성이 있어서 향후 변동성이 크게 축소될 경우에는 상품 발행이 꾸준히 되기 어려울 것으로 보입니다.

다음은 은행 ELD의 보편적 구조인 'knock out call with rebate' 상품에 대해 알아봅니다.

Knock out Call
with Rebate 구조

　　'최고 수익률 연 30%!' 여기까지 읽으면 솔깃히여 무슨 상품인
가하고 상품 내용이 궁금할 겁니다. 이 문구는 이 장에서 살펴볼
'knock out call with rebate' 상품의 광고로 애용되는 것입니다. 물
론 세상에 공짜는 없습니다. 뚜껑을 열어 보면 30%의 수익을 받을
확률은 아주 적습니다. 그럼에도 불구하고 연 30%의 수익을 받을
수도 있다는 희망을 주는 이 상품의 구조는 다음과 같습니다.

· **Knock Out** = 치면 사라진다

· **Knock In**　= 치면 생긴다

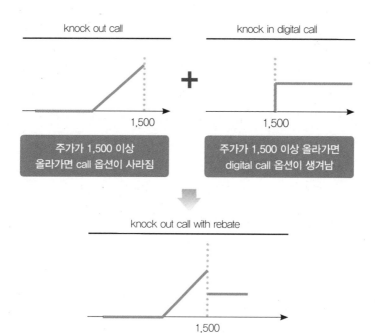

knock out call

knock in digital call

1,500

주가가 1,500 이상
올라가면 call 옵션이 사라짐

주가가 1,500 이상 올라가면
digital call 옵션이 생겨남

knock out call with rebate

1,500

• 수익 구조

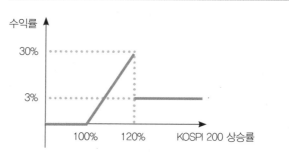

수익률

30%

3%

100%   120%   KOSPI 200 상승률

KOSPI 2000이 장중 기준 한 번이라도 기준 지수 대비 20% 이상 상승하지 않은
경우 ▶ (KOSP 1200 상승률) X 150% 지급

KOSPI 2000이 장중 기준 한 번이라도 기준 지수 대비 20% 이상 상승하지 않
고, 하락한 경우 ▶ 이자 없음

KOSPI 2000이 장중 기준 한 번이라도 기준 지수 대비 20% 이상 상승한 경우
▶ 3% 수익 지급

ELD 구조에 유사한 구조가 많은 이유

예금 상품인 ELD에는 원금 보장 구조만 담을 수 있습니다. 고위험 고수익(high risk / high return), 저위험 저수익(low risk / low return)이듯이 원금이 보장되는 안정적인 구조로 만들면, 고객에게 제시할 수 있는 수익률이 높지 않습니다. 그러나 주가 연동 예금(ELD)에 관심이 있는 고객들은 정기 예금 대비 높은 수익률을 기대하고 있습니다. 원금도 보장받으면서 높은 수익률이 나오기란 쉽지 않습니다.

고민 끝에 상방 베리어(barrier)를 치면 수익률이 낮아지지만, 베리어를 치지 않을 경우 높은 기대 수익률을 보여 주는 'knock out call with rebate' 구조가 등장하게 되었습니다. 한 은행은 상방 베리어를 치더라도 정기 예금 금리 수준을 받을 수 있도록 리베이트(rebate)를 실계함으로써 우리나라의 본격적인 주가 연계 상품 시대를 열었습니다. 물론 이 상품은 오늘날까지도 각광받는 상품 가운데 하나입니다.

다음은 파생 상품을 가입한 고객이 손실을 입었을 경우, 그 손실이 과연 판매한 금융 기관의 이익이 되는지 여부에 대하여 살펴봅니다.

고객의 손실은
금융 기관의 이익일까?

"파생 거래 후 고객이 손실이 나는 만큼 은행은 돈을 벌게 되나요?" 종종 이런 질문을 받긴 하지만, '고객의 손실'이 곧 '은행의 이익'이 되지 않습니다. 그럼, 왜 그럴까요? 앞에서 설명한 '2 stock step-down'을 예로 들어서 고객과 은행의 손익 결정 요인을 살펴봅니다.

CASE

1. **기초 자산:** 삼성전자와 신한금융지주
2. **상품 만기:** 최장 2년
3. **조기 상환 관찰일:** 매 6개월(총 6회)
4. **조기 상환 조건:** worst performer의 수익률이 매 관찰일별로 90%, 85%, 80%, 75% 이상일 경우 조기 상환 달성
5. **조기 상환 수익률:** 연 16%

조기 상환 시점	6개월	1년	1년 6개월	2년
상환 금액	108%	116%	124%	132%

6. 원금 손실 조건: 만기까지 worst performer가 한 번이라도 최초 가격의 60% 미만으로 하락한 적이 있고 만기까지 조기 상환이 되지 않을 경우, [만기 주가/최초 주가]만큼만 고객에게 지급

● **수익 구조**

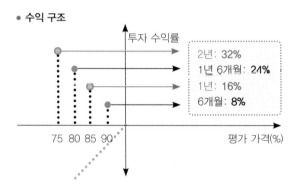

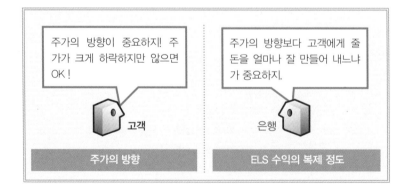

이 상품을 판매한 금융 기관 입장에서는 방향성 위험을 없애기 위해 헤지 프로그램에서 나오는 시그널대로 매일 사고팔면서 상품 판매에 따른 방향성 위험을 제거합니다. 예를 들어 위 상품이 만약 100억 원이 팔렸다면, 기준 주가 설정일(첫날)의 종가에 삼성전자와 신한지주의 주식을 25억씩 사서 총 50억 원 정도의 주식을 매입하게 됩니다. 그 다음 날이 되어, 주가가 상승하면 주식을 매도하라는 신호가 나오게 되고, 만약 하락하게 되면 주식을 매수하라는 신호가 나오게 됩니다. 주가가 오르면 첫 번째 조기 상환일에 상환될 확률이 높으므로 고객에게 줄 이익을 현금화해야 하고, 주가가 떨어지면 두 번째 조기 상환일로 상환 일자가 미루어져 고객에게 지급해야 할 금액이 더 커지므로, 주식을 더 보유해야 하기 때문입니다.

그럼, 주가가 떨어질 때마다 계속 매수해서 주가가 0이 되면 손실이 커지는 것이 아닌가 하는 의문이 들 것입니다. 그럴 경우 고객의 원금을 돌려주지 않아도 되므로, 그 돈으로 손실을 메우게 됩니다.

이렇게 금융 기관은 ELS 가입 고객에게 지급해야 할 수익률을 '복제'하기 위해서 끊임없이 시장에서 주식을 사고팔게 됩니다. 즉 금융 기관은 향후 주가의 방향보다는 고객에게 지급해야 할 수익률의 복제를 얼마나 잘 했느냐에 그 수익이 달려 있습니다. 따라서 은행의 운용 수익은 고객의 손익과는 무관하며, 은행이 운용시에 손실이 나는 것은 이 복제가 완벽히 이루어지지 못할 경우입니다.

주식 연동 상품에 대한 설명을 마치고 다음 장부터는 DLS에 대해 살펴봅니다.

33 Chapter

DLS란?

ELS, DLS. 헷갈립니다. 어떤 차이점이 있나요?

"ELS, DLS는 똑같이 파생 결합 증권이지만, 기초 자산이 무엇이냐에 따라 시장에서 다른 명칭으로 부르고 있습니다."

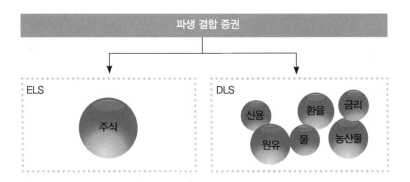

- ELS (Equity Linked Securities): 주식의 등락에 따라 손익이 결정되는 유가 증권

● **DLS (Derivatives Linked Securities):** 주식 이외의 기초 자산의 움직임에 따라 손익이 결정되는 유가 증권. (예: 원유, 금, 농산물, 탄소배출권 등등)

DLS의 특징

기초 자산이 다양하므로, 전체 투자 자산의 투자 위험을 분산하는 데 효과적입니다. 반면, 구조가 다소 복잡하여, 개인 투자자들이 ELS보다 더 이해하기 어려운 측면이 있기도 합니다. DLS의 장점과 단점을 정리하면 다음과 같습니다.

DLS의 장점과 단점	
장점	– 기초 자산이 다양하므로, 전체 투자 자산의 투자 위험을 줄이는 데 효과적임 – 발행 및 투자 절차가 빠르고 간편함
단점	– 개인 투자자들이 ELS보다 이해하기 어려운 측면이 있음. 따라서 공모보다는 사모 시장이 발달함. – 실물 자산의 가격과 DLS에 편입된 기초 자산 가격의 변화가 다른 경우가 발생할 수 있으므로 상품명만으로 DLS의 수익률을 판단해서는 안 됨. (예) 주유소의 기름 가격은 일반적으로 '두바이 현물' 가격을 기준으로 하지만, 원유 DLS에서는 'WTI 선물'을 기초 자산으로 함. 경우에 따라 주유소 기름 가격은 상승하였지만 DLS 수익률은 나빠질 수 있는 경우가 발생 가능함. – DLS의 기초 자산의 움직임 이외에도 발행자(예:증권사)의 신용도도 체크해야 함. 발행자가 파산시 원금을 돌려받지 못할 수 있으므로 발행 증권사의 신용도가 중요함.

DLS의 시장 규모

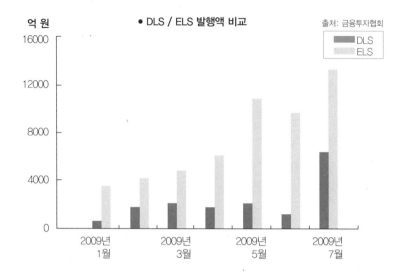

억 원 ● DLS / ELS 발행액 비교 출처: 금융투자협회

DLS
ELS

DLS의 발행액을 보면, 위의 그림에서와 같이 ELS에 비해 크게 작습니다. 아직은 시장 규모가 ELS에 견줄 수는 없지만, 장기적으로 기초 자산의 다양화를 통한 시장 확대 가능성이 높고, 특정 목적을 위한 발행이 늘어나는 점을 고려하였을 때, 향후 DLS의 시장의 성장성은 충분할 것으로 예상됩니다.

2009년 상반기 기초 자산 유형별로 DLS를 구분해보면, 신용 〉 금리 〉 상품 순을 기록하였는데, '신용'을 기초 자산으로 한 DLS는 총 발행 금액의 79%로 최대 비중을 차지합니다. 2007년 금리에 대한 집중적인 발행 이후 시장이 점점 '신용' 위주의 DLS 발행으로 옮겨가고 있습니다.

다음은 DLS 상품 구조를 예를 들어 살펴봅니다.

34 ^{Chapter}

DLS 거래 예시

DLS의 거래 예시로는 원유 연계, 에너지 연계, 탄소배출권 연계 등등 실로 다양합니다. 그중에서 평범하지만 2009년 상반기에 우호적인 시장 상황으로 투자자가 많이 찾았던 FX(foreign exchange) 연계 DLS의 한 종류를 살펴봅니다.

원화로 자금을 운용하고 싶은데, 원화 예금 금리가 너무 낮습니다. 원화 운용 금리를 올릴 수 있는 방법이 없을까요?

시장 상황 및 거래 배경

달러 예금 금리 – 원화 예금 금리		FX swap 시장에서 거래되는 원/달러 스왑 포인트

- 1년 달러 예금 금리: 연 5.7%
- 1년 FX swap point: −21원/달러

- 1년 원화 예금 금리: 연 3.2%
- 원/달러 기준 환율: 1,243원/달러

거래 구조도

① A투자자는 100억 원을 지급하고 증권사 발행 DLS를 구입합니다.

② 증권사는 스왑은행과 달러 buy(현재) & sell(1년 후)의 FX swap을 체결합니다. A투자자로부터 수취한 100억 원을 스왑은행에 지급하고 1,243원으로 환산한 8,045,052.29달러를 수취합니다.

③ 수취한 달러를 외화 예금으로 1년간 운용하여, 예금 만기일에 달러 원금 및 예금 이자를 수취합니다.

　▷ **8,045,052.29달러 X (1+0.057) = 8,509,989.27달러 수취**

④ 달러 원리금을 미리 정한 FX swap의 선물환 매도 환율(= 현물환 + 스왑 포인트)로 원화로 교환합니다.

　▷ **8,509,989.27달러 X (1,243원−21원) = 10,399,206,892원 수취**

⑤ 증권사는 고객에게 10,399,206,892원을 지급합니다.

이 상품을 통한 수익률은 원화 기준으로 3.992%의 수익률을 실현한 것으로 원화 예금으로 자금을 운용했을 때(3.2%)보다 0.792%(= 3.992% – 3.2%)의 수익률 향상을 꾀할 수 있습니다. 추가 리스크 부담 없이 0.792%의 수익률을 향상시켰습니다. 이러한 거래를 차익 거래(Arbitrage)라 합니다.

그렇다면, 언제 이런 거래를 할 수 있는 상황이 오는 걸까요?

스왑 포인트란 양국의 금리 차이를 환율로 표시한 것입니다. 이론적으로는 [원/달러 스왑 포인트] = [미국과 한국의 금리 차]입니다. 하지만 현실에서는 시장 수급 상황에 따라 위의 등식이 성립하지 않는 경우가 종종 있습니다. 한 예로 2009년 상반기에는 시중에 달러 공급이 많아져 원/달러 스왑 포인트(단기 자금 시장에서 달러 조달 비용의 의미를 가짐)는 크게 줄어들었으나, 은행에서의 달러 예금 금리는 원화 예금 금리에 비해 크게 높은 상황이 유지되는 상황이었습니다. 보험사, 증권사 등 운용 기관이 이러한 상황을 그대로 놓칠 리 없습니다. 위의 거래 구조에서와 같은 달러 buy & sell swap 거래와 달러 예금 가입을 통해 차익 거래를 누렸습니다. 이러한 차익 기회를 잡기 위해서는 늘 시장을 모니터링하고 있어야 합니다.

이상으로 주식 파생에 대한 부분을 마치고, 다음 장부터 신용 파생 상품에 대해 알아봅니다.

PART 4.

알기 쉬운
신용 파생 상품

35 Chapter

신용 파생 상품

금융 위기의 주범, 신용 파생 상품

2007년 6월 베이스딘스 헤지 펀드 환매 중단 사태와 2008년 9월 리만 브라더스 붕괴로, 신용 파생 상품은 전 세계 경제를 휘청거리게 한 주범으로 주목을 받았습니다. 이전까지는 신문 경제면에서도 찾아볼 수 없었던 신용 파생 상품이 금융 위기 덕분(?)에 갑자기 유명해진 것입니다. 신용 스프레드가 어떻게 되었다든지 어떤 금융기관의 신용 파생 투자 손실이 얼마로 드러났다든지 하는 이야기는 이제 일반 사람들도 흔히 접할 수 있는 뉴스가 되었습니다. 이번 장부터는 이러한 신용 파생 상품이 도대체 무엇이며, 그 본래의 순기능을 어떻게 활용할 수 있는지 알아봅니다.

신용 파생 상품의 정의

'신용 파생 상품이란 준거 자산에 부도 등의 신용 사건이 발생했을 때, 그 손실 금액을 보전해 주는 대가로 정해진 수수료를 받는 거래'를 말합니다. 이때 손실 금액을 보전해 주기로 약속하고 수수료를 받는 사람을 보장매도자라고 하고 준거 자산에 대한 보장을 받고 수수료를 지급하는 사람을 보장매입자라고 합니다. 보험과 비슷합니다. 여기서 보장매도자는 기업의 신용 사건 발생에 대해 보증을 지급하는 보험 회사의 입장이 되고, 보장매입자는 신용 사건이 일어날 것에 대비해 보험을 드는 사람이 되는 것입니다.

신용 사건이 발생하면 보장 금액을 지급해야 하는데, 이러한 신용 사건에는 파산, 지급 실패, 채무 재조정 세 가지가 대표적입니다. 즉 이러한 사건들이 대상 기업에 일어나지 않는 한, 보장매도자는 보장매입자로부터 일정 기간마다 수수료를 받기 때문에 보장매도자는 준거 자산에 신용 사건이 발생하지 않을 확률에 배팅하는 투자자로도 볼 수 있습니다. 여기서 중요한 요소가 바로 준거 자산(reference asset)입니다. 준거 자산은 주로 기업이 발행한 채권인 경우가 많습니다. 준거 자산에 신용 사건이 발생했다는 말은 그 채권을 발행한 기업이 채무 지급 불능 상태인 경우에 있음을 의미하게 됩니다.

그래서 그 기업을 준거 기업(reference entity)이라고 부르며, 위에서 설명한 거래는 바로 그 기업의 신용 사건 발생에 대한 보장 거래가 되는 것입니다.

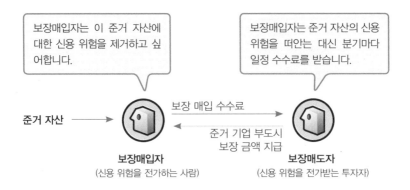

보장매입자는 이 준거 자산에 대한 신용 위험을 제거하고 싶어합니다.

보장매입자는 준거 자산의 신용 위험을 떠안는 대신 분기마다 일정 수수료를 받습니다.

준거 자산 →

보장 매입 수수료

준거 기업 부도시 보장 금액 지급

보장매입자
(신용 위험을 전가하는 사람)

보장매도자
(신용 위험을 전가받는 투자자)

회사채 투자와의 차이점

　기업의 신용 위험에 배팅하고 매 분기 혹은 특정 기간마다 수수료(채권의 경우는 쿠폰이 됩니다)를 받는다는 점, 시장 상황에 따라 상품의 가격이 변동한다는 점에서 신용 파생 상품의 보장 매도 거래는 회사채 투자와 아주 유사하지만, 채권 투자와 달리 신용 파생 계약은 초기 투자 원금이 필요하지 않다는 점이 다릅니다. 또한 채권의 매도자와는 달리, 신용 파생 계약의 보장매입자는 준거 자산을 그대로 보유한 상태에서 신용 위험만 이전합니다. 이러한 특성이 바로 신용 파생 상품이 탄생한 이유입니다.

　회사채 투자의 위험이 시장 위험(금리 변동)과 신용 위험으로 구성된다고 볼 때, 금리 변동 위험을 헤지하는 이자율 스왑 거래와 신용 위험을 헤지하는 신용 파생 거래를 가지고 채권의 총 위험을 헤지하는 총 수익 스왑(Total Return Swap) 거래를 만들어 낼 수 있습니다.

신용 파생 상품의 종류

신용 파생 상품은 그 종류가 아주 다양하지만, 크게 계약 형태인지 증권 형태인지에 따라 구분할 수 있으며, 단일 준거 자산을 갖는지 복수의 준거 자산을 갖는지에 따라서도 구분할 수 있습니다.

계약 형태의 거래는 위에서 설명한 바와 같으며, 증권 형태의 거래는 초기 원금이 교환되는 형태로 회사채 거래와 유사합니다. 이외에도 복수의 준거 자산을 갖는 상품의 경우, 몇 번째 준거 자산이 부도났을 때 보장 이행을 하는 것인지(Basket CDS), 준거 자산 중 몇 %가 부도났을 때 보장 이행을 하는 것인지(합성 CDO 등)에 따라서 상품을 분류하기도 합니다.

	계약 형태	증권 형태
단일 준거 자산	Single Name CDS	Credit Linked Note (CLN)
복수 준거 자산	Basket CDS (FTD, STD……), CDS Index	합성 CDO, CLN

다음은 각각의 신용 파생 상품을 좀 더 자세히 알아봅니다.

36 Chapter

신용 부도 스왑

신용 부도 스왑(CDS)이란?

앞 장에서 설명한 신용 파생 거래의 가장 전형적인 거래 형태가 바로 신용 부도 스왑(CDS: Credit Default Swap) 계약입니다. 준거 자산의 신용 위험(파산, 지급 불능, 채무 재조정)을 제거하고자 하는 보장매입자가 보장매도자에게 분기별 수수료를 지급하는 대신, 신용 사건이 발생했을 때 그 손실 금액을 보전받는 계약이 CDS이자 신용 파생의 가장 기본적인 거래 형태입니다.

보장 매입 수수료

준거 자산 부도시 보장 금액 지급

준거 자산
(대출, 채권 등)

보장매입자

보장매수자

신용 부도 스왑 거래의 적용

은행이 대출을 포함한 여신을 일으킬 때, 은행은 신용 위험을 떠안습니다. 그 신용 위험을 감소시키기 위한 수단으로 은행은 담보를 수취하거나 보증 등 여러 가지의 신용 위험 경감 수단을 사용합니다. 이러한 신용 위험 경감 기법의 하나로 사용되는 것이 신용 부도 스왑(CDS: Credit Default Swap)입니다.

여신을 제공하는 은행이 담보를 사용할 경우, 여신의 부도 위험은 그 담보 가치만큼 경감되지만, CDS를 통해 보장을 매입할 경우에는 거래 상대방인 보장매도자의 부도 위험으로 대체됩니다. 따라서 보장을 제공하는 거래 상대방의 신용도가 높을수록 여신 익스포져는 낮아지게 됩니다. 여기에 파생 거래를 할 때에는 ISDA 국제 표준 계약의 부속 담보 계약인 CSA(Credit Support Annex)에 따른 담보를 통해 거래 상대방의 채무 불이행 위험을 줄일 수도 있습니다.

위와 같은 거래는 은행뿐만 아니라, 신용 위험을 경감하려는 모든 기관에 적용할 수 있습니다. 반대로 신용 위험에 배팅하여 수익을 추구할 수도 있는데, 바로 신용 파생 거래의 보장매도자가 되는 것입니다. 이 경우 투자 원금을 조달하지 않고도 고정 수익을 얻을 수 있습니다.

담보나 보증에 비해 신용 부도 스왑이 갖는 장점

은행의 입장에서는 일반 주택 담보 대출과는 달리 기업 여신, 특히 기업이 중요 고객으로서 우위에 있는 경우, 담보를 원래 은행이 필요한 수준까지 받아내기 힘든 경우가 많습니다. 지금도 국내 은행들이 몇몇 기업들에 대한 여신 집중으로 부담을 느끼는 경우를 보면 이러한 사실은 더욱 분명해집니다. 이런 상황에서는 제3자에 의한 보장 매입이 실효성을 더 크게 거둘 수 있게 됩니다. 담보로 처리 못하고 남은 신용 위험까지 제거할 수 있게 되는 것입니다.

신용 위험 경감 수단의 하나인 지급 보증 계약과도 차이가 있습니다. 한 번 계약을 하면 만기까지 그 계약이 유지되는 지급 보증과 달리, 신용 부도 스왑은 시장에 있는 또 다른 기관과 거래를 함으로써 그 기관에게 다시 쉽고 빠르게 위험을 이전시킬 수 있습니다.

또한 신용 부도 스왑을 투자 계정이 아닌 트레이딩 목적으로 운용할 경우, BIS 비율 산출시 적용되는 위험 가중 자산도 지급 보증 거래에 비해 80% 이상 낮게 적용되며, 충당금을 쌓을 필요가 없기 때문에 위험에 배팅하는 거래 상대방인 투자자에게도 더 유리합니다.

신용 부도 스왑이 갖는 또 하나의 장점

CDS를 통해 보장을 매입하는 기관은 재무제표에서 대출 등의 여신 자산을 그대로 유지한 채 해당 신용 위험만을 제거합니다. 직접적인 자산 처분을 통한 위험 경감이 아니므로 제대로 사용한다면 양과 질적인 측면 모두에서 유리할 수 있습니다.

은행이 신용 부도 스왑을 활용해야 하는 이유

은행은 영업 구조상 다른 금융 기관에 비해 대출 등의 여신 자산 비율이 가장 높습니다. 주 수익원이 대출 마진이므로 기업의 신용도와 대출의 상환 가능성에 대한 까다로운 심사 기준 등 관련 절차에서 가장 높은 전문성과 경험을 가지고 있습니다. 이렇게 신용 위험 자산을 가장 많이 보유하고 있고, 기업의 신용 위험에 대해 가장 잘 아는 은행에게 외형의 축소를 최소화하면서 신용 위험을 경감시킬 수 있는 신용 부도 스왑은 유용한 수단입니다. 그렇기 때문에 일부 글로벌 금융 기관 중에는 대출을 취급하면서 의무적으로 CDS로 신용 위험을 헤지하도록 내부 규정을 두고 있는 곳도 있습니다.

다음은 신용 부도 스왑의 가격이 어떻게 평가되는지에 대하여 알아봅니다.

37 Chapter

신용 스프레드

금융 위기 이전에는 그 이름도 생소했던 신용 스프레드(credit spread)가 2007년 여름 무렵부터 애널리스트 보고서나 경제 전망에 가장 자주 등장하는 용어 중 하나가 되었습니다. 지금부터 신용 스프레드가 무엇인지, 그리고 이를 통해 신용 부도 스왑 가격 모형은 어떻게 만들어지는지 살펴봅니다.

신용 스프레드

신용 스프레드(credit spread, CDS spread)는 신용 위험에 따른 가산 금리, 즉 신용 가산 금리를 의미합니다. 이는 기업의 신용도에 따라 무위험 이자율에 더해지는 가산 금리로 기업의 조달 비용을 결정하는 가장 중요한 요소가 됩니다. 높을수록 기업의 신용 위험 발생 확률이 높다는 것을 의미합니다. 예전에는 회사채 금리에 녹아 있었으나 CDS의 거래가 활성화되면서 이 신용 스프레드 자체가 시장에서 호가되기 시작하였습니다. 신용 부도 스왑에 대한 설명에 나오는 보장 매입 수수료가 바로 신용 스프레드이자 CDS의 가격입니다.

예를 들어, H자동차의 5년 만기 CDS 스프레드가 230bp에 호가된다는 말은 시장에서 H자동차의 부도에 대해 보장을 매입하려는 보장매입자가 5년간 보장 금액의 2.3%씩을 매년 지불해야 한다는 뜻입니다. 이러한 신용 스프레드는 특별한 가격 평가 모형에 의해 정해진다기보다 시장의 주체들이 기업의 신용도와 경제 상황 등을 종합적으로 고려했을 때, 주거나 받으려 하는 수수료가 어느 수준인지에 따라 정해집니다. 즉 시장에서 수요와 공급에 의해 정해진다는 의미입니다. 마치 주가가 정해지는 방식과 유사합니다. 주식도 여러 가지 주가 모형이 있기는 하지만, 실제 가격은 그 모형 가격과 다른 때가 더 많습니다. 이론적인 모형보다 실제 거래하려는 시장 참여자들이 상품의 가격을 결정하는 것입니다. 이런 점에서 볼 때, 신용 파생 상품이 과연 파생 상품인지에 대한 의구심을 가져 볼 만 합니다.

신용 파생 상품은 파생 상품인가?

지금까지 살펴본 모든 파생 상품들은 전통적인 기초 자산을 근거로 새로운 현금 흐름을 창출하는, 말 그대로 진짜 파생된 상품들이었습니다. 그러한 파생 상품들의 가격은 가격 평가 모형에 의해 평가되고 검증됩니다. 그러나 CDS의 경우는 좀 다릅니다. 그 가격이 모형을 이용하지 않고 마치 주식 가격이 시장에서 형성되듯 정해지고 호가됩니다. 회사의 신용 그 자체가 가격을 갖고 거래되는

상품이 되는 것입니다. 이러한 점은 신용 파생 상품 중 적어도 CDS
만큼은 주식과 같은 시장성 현물 상품으로, 기초 자산 그 자체로 보
아야 하는 것이 아닌가라는 의문을 줍니다. 그 누구의 이론적인 평
가 방법이 맞다가 아니라, 단지 시장에서 거래되는 가격이 그 자체
로 CDS의 가격이 되는 이러한 특성은 신용 부도 스왑을 여타 파생
상품과 구별되게 합니다. 단, CDS를 제외한 다른 신용 파생 상품들,
앞으로 공부할 CDO 등은 CDS를 기초 자산으로 한 파생 상품임을
명심해야 합니다.

신용 스프레드 가격 모형의 원리

신용 스프레드기 시장의 수요와 공급에 의해 정해지는 것은 설
명 드린 바와 같습니다. 그럼에도 불구하고 신용 스프레드 모형이
존재하는데, 이 모형을 통해 스프레드 수준이 의미하는 부도 확률
을 도출할 수 있습니다. 또한 부도 확률에 적합한 이론적인 스프레
드의 수준을 역산할 수도 있습니다. 입력 변수와 결과들의 관계를

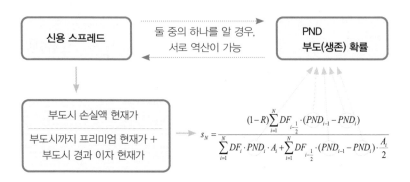

객관적으로 살펴보면 위의 그림과 같습니다.

위에서와 같이 신용 스프레드와 부도 확률은 서로 역산이 가능하지만, 실제의 거래에서 부도 확률을 먼저 아는 경우는 없습니다. 따라서 시장에 호가되는 신용 스프레드를 통해 부도 확률을 산출하는 것이 보통입니다. 시장에서 신용 스프레드가 호가되지 않을 때에는 채권 수익률에서 신용 스프레드 부분을 추정하여 그 추정액을 만족시키는 부도 확률을 역산할 수도 있습니다.

신용 스프레드를 모형으로 도출하는 것은 쉽지 않지만, 신용 스프레드로부터 부도/생존 확률을 추출하는 이러한 작업은 향후 CDO와 같이 복잡한 신용 파생 상품의 가격 산정을 위해 필요합니다.

다음은 다수의 신용 부도 스왑으로 구성된 바스킷 CDS(Basket CDS)에 대하여 알아봅니다.

복합 신용 파생 상품
(Basket CDS)

신용 파생 시장의 발전과 복잡한 상품의 등장

금융 위기 직선, 경제와 신용 시장 호황으로, 시장 참여자들이 더 이상 하나의 준거 자산을 기반으로 한 CDS 거래로는 만족할 만한 수익을 거둘 수 없는 상황이 되었습니다. 이때부터 여러 가지의 준거 자산을 포트폴리오화한 복잡한 신용 파생 상품이 투자자들에게 더 나은 수익으로 고수익의 기회를 제공하기 시작합니다. 그 최고봉에 있었던 상품이 합성 CDO입니다, 이제부터 바스킷 CDS(Basket CDS)부터 합성 CDO까지 복잡하게 진화된 신용 파생 상품들을 알아봅니다.

바스킷 CDS

일반 CDS들은 하나의 준거 자산에 발생할 수 있는 신용 사건에 대한 보장을 사고파는 것입니다. 이러한 CDS 몇 개(보통 4~5개)를 하나의 바구니(basket)에 담아서 한 번에 거래하는 것을 바스킷 CDS라고 합니다.

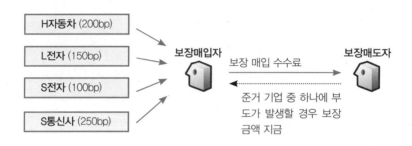

위 거래는 바스킷 CDS 중 First to Default swap(FTD CDS)의 한 예입니다. FTD는 '첫 번째 부도가 나면'이라는 뜻입니다. 즉 H자동차, L전자, S전자, S통신사 중 어떤 하나가 부도나면 보장매도자가 보장매입자에게 보장 금액을 지불하고 거래가 종결되는 것입니다. 시장에는 STD도 있습니다. 이는 Second to Default로 준거 자산 한 개의 부도까지는 거래에 아무런 영향이 없지만, 두 번째가 부도나면 보장 금액이 지불되고 거래가 종결된다는 뜻입니다. 그래서 이러한 형태를 보통 'Nth to Default CDS 거래'라 부릅니다.

상관관계와 수수료(FTD CDS의 예)

상관관계(Correlation)는 0~1까지 분포합니다. 상관관계가 0이라는 말은 각 회사의 부도 발생이 다른 회사에 전혀 영향을 미치지 않는 경우를 의미하고, 1이라는 말은 어느 한 회사가 부도나면 다른 나머지 회사들도 같이 부도난다는 의미가 됩니다.

상관관계가 1일 때 회사 네 곳은 거의 동시에 부도가 날 것이 분명하다는 것이므로 위의 예에서 거래의 위험은 그중 1초라도 빨리 부도날 확률이 높은, 즉 스프레드가 가장 높은 S통신사에 집중됩니다. 따라서 스프레드는 250bp로 정해지게 되는 것입니다. 반대로 상관관계가 0일 때는 언제 어떤 기업이 부도날지 모르는 상황이 됩니다. 보장 매도자 입장에서는 회사 네 곳 모두의 부도 위험을 감수해야 합니다. 위험이 퍼지는 것입니다. 이때 보장 매입 수수료는 700bp(200 + 150 + 100 + 250)입니다.

결론적으로 Basket CDS의 프리미엄은 포트폴리오의 상관관계에 따라, 포함된 준거 자산 중 위험 가중치가 가장 높은 자산의 수수료 이상, 준거 자산들의 수수료 합계 이하에서 책정되는 것입니다.

바스킷(Basket)으로 거래하는 이유

보장매입자 입장에서는 회사 간의 신용 사건 발생이 어느 정도 상관관계를 가지고 있을 경우, 기업 4곳 각각에 대해 일일이 CDS를 체결하는 것보다 보장 매입 수수료가 저렴합니다(250 ≤ 수수료 ≤ 700). 이때 보장 매입자가 판단하기에 보장을 받고자 하는 기업들이 모두 파산하는 것이 아니라 일부만 파산할 것이라고 본다면, 그 정도에 따라, FTD 혹은 STD 등의 바스킷 형태 거래를 택할 수 있는 것입니다.

보장매도자 입장에서는 실제 신용 사건이 발생할 때, 기업 하나의 부도 액수만 보상해 주면 되는 데 비해 개별 CDS 거래 수수료보다 높은 수수료를 받습니다. 그림의 예에서 바스킷 CDS 거래 전체의 계약 금액이 1,000만 달러인 경우, 각각의 준거 자산은 1,000만 달러씩 포함되게 됩니다. 준거 자산 계약 금액의 합계는 4,000만 달러이지만, 이 중 하나의 기업이 부도났을 경우, 보장매도자가 보장해 주어야 하는 금액은 바스킷 계약 금액인 1,000만 달러이지 4,000만 달러가 아니라는 뜻입니다. 이에 반해 보장매도자가 신용 사건 발생이나 만기 이전까지 수취하는 수수료는 최소한 준거 자산 중 가장 위험한 기업의 스프레드보다 높으며, 상관관계가 낮아질수록 받을 수 있는 수수료 또한 커집니다.

다음에는 이보다 조금 복잡한 합성 CDO에 대하여 알아봅니다.

39 Chapter

복합 신용 파생 상품 (합성 CDO) I

합성 CDO······ 금융공학의 결정체 그리고 실패

신용 위기 이후, 언론에서 너무나 자주 보도되어 이제는 널리 알려지게 된 합성 CDO(Collateralized Debt Obligation). 사실 합성 CDO를 만들어낸 아이디어는 천재적이었습니다. 그러나 결국 역사에 또 하나의 금융 스캔들로 남게 되었습니다. 이번 장에서는 합성 CDO가 무엇인지에 대하여 알아봅니다.

합성 CDO

쉽게 말하면 이미 설명한 바스킷 CDS(Basket CDS)와 비슷합니다. 바스킷 CDS에 포함되는 준거 자산의 수를 100여 개로 늘리면 되는 것입니다. 그러나 이것만으로는 부족합니다. 합성 CDO의 설계에는 tranche라는 기술이 들어가야 합니다.

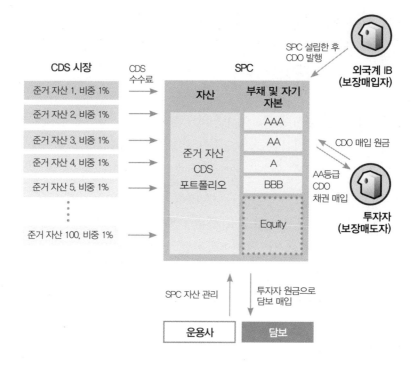

위의 예를 살펴보면 다음과 같습니다.

(1) 외국계 IB가 SPC(외국계 IB)를 설립하고 투자자들로부터 투자 원금을 받아 담보 채권을 매입(AAA 담보 채권을 매입하면 SPC는 AAA 등급 회사가 됩니다.)합니다.

(2) 동시에 SPC는 시장에서 100개의 CDS 보장 매도 거래(원금 불 필요)를 일으켜 수수료를 수취합니다.

(3) 수취하는 CDS 수수료와 매입한 담보 채권에서 나오는 이자 는 투자자에게 발행하는 채권의 현금 흐름이 됩니다.

(4) 이때 SPC가 발행하는 CDO 채권은 그 등급이 AAA~Equity

tranche까지로 나뉘어 각 등급이 원하는 투자자에게 팔립니다.
(5) 위에서 SPC의 자산을 구성하는 CDS들은 자산운용사에 의해 운용/관리되며 필요시 교체됩니다.

이처럼 운용사에 의하여 운용되는 경우를 'managed 합성 CDO'라고 부릅니다. 자산이 고정되어 있는 경우는 'managed' 대신 'static'을 붙입니다.

한 가지 더 설명하면, Collateralized Debt Obligation(CDO)은 우리말로 자산 담보부 증권 혹은 부채 담보부 증권 등으로 해석할 수 있는데, 결국 그 구조는 그림에서처럼 ABS와 유사합니다. 앞에 합성이라는 말이 붙는 이유는 포함되는 자산이 현물 채권들이 아니라 CDS로서 채권의 현금 흐름을 복제한다는 의미에 있습니다.

Tranche

SPC가 투자 원금에 대한 대가로 투자자에게 발행하는 CDO 채권은 AAA~Equity 등급으로 세분화됩니다. 즉 AAA tranche, AA tranche 등으로 나뉘는데, tranche는 등급 정도로 생각하면 됩니다. 마치 커다란 통에서 막걸리를 담글 때, 맨 위의 맑은 술부터 맨 밑의 가라앉은 앙금을 따로 포장해서 파는 것과 같습니다. 이것을 바로 tranche 기법이라고 부르며, 이는 ABS 발행시에도 이용되는 기술입니다. tranche로 구분되기 때문에 투자자들은 등급별로 자신에게 맞는 채권을 고를 수 있습니다.

Tranche와 후순위 비율

각각의 tranche들은 후순위 비율이라는 신용 보강 수단을 갖습니다. Equity 등급이 0~5%, BBB 등급이 5~6%, A 등급이 6~7%……이런 식으로 나뉘었다고 하면, Equity 등급 채권은 준거 자산 CDS 중 하나가 부도가 나도 바로 손실이 발생하고, A 등급은 6%인 6개가(부도 회수율이 없다고 가정할 경우) 부도날 때부터 손실이 시작되고 7개가 부도나면 전액 손실이 발생한다는 뜻이 됩니다. 즉 상위 등급 채권은 그보다 하위 등급 채권이 손실을 흡수하는 동안 버틸 수 있는 신용 보강 수단을 갖게 되고 그를 근거로 신용 등급을 높게 부여받는 것입니다.

다음은 합성 CDO에 대하여 조금 더 살펴봅니다.

40 Chapter

복합 신용 파생 상품
(합성 CDO) Ⅱ

합성 CDO의 가격

앞서 간단히 언급한 바스킷 CDS(Basket CDS)의 수수료를 산정하는 방식과 합성 CDO 프리미엄의 산정 방식은 그 원리가 같습니다. 포트폴리오에 속해 있는 개별 준거 자산들의 CDS 스프레드들과 그 자산들 간의 부도 상관관계를 통해 평가되는 것입니다. 그 원리를 자세히 살펴봅니다.

(1) 개별 준거 자산의 CDS 스프레드로부터 개별 부도 확률을 구합니다.

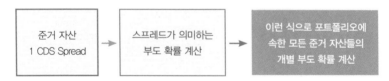

준거 자산
1 CDS Spread
→
스프레드가 의미하는
부도 확률 계산
→
이런 식으로 포트폴리오에
속한 모든 준거 자산들의
개별 부도 확률 계산

(2) 포트폴리오에 속한 준거 자산들 간의 부도 상관관계를 구합니다.

준거 자산이 100개를 넘기 때문에 모든 준거 자산 조합 간의 상관관계를 구하는 것은 효율성이 떨어집니다. 따라서 시장에서 호가되는 CDS 인덱스의 상관관계를 사용합니다.

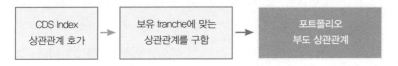

(3) 준거 자산들의 개별 부도 확률과 부도 상관관계를 알면, 포트폴리오 전체의 부도 확률을 알 수 있습니다.

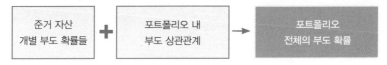

(4) 부도 확률을 알면 미래 현금 흐름을 계산하고 그 현재 가치를 알 수 있습니다.

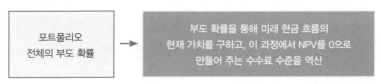

다른 구조화 상품들도 마찬가지지만, 합성 CDO의 가격 평가는 조금 더 복잡합니다. 준거 자산 수가 많아 일일이 개별 준거 자산들의 부도 확률을 계산해야 하는데다, 부도 자산 간의 상관관계까지 유추해야 하기 때문입니다. 더욱이 부도 상관관계를 유추해 내는 과정에서 어느 정도는 트레이더의 주관이 개입될 수밖에 없습니다. 시장에서 호가되는 CDS 인덱스 상관관계로부터 보유한 tranche 비율에 맞는 상관관계를 유추하는 것이기 때문에, 이 과정에서 트레이

더가 생각하는 정도에 따라 적용되는 상관관계 수치들이 조금씩 달라질 수 있기 때문입니다.

이러한 이유로 합성 CDO의 가격은 다른 단순한 파생 상품처럼 깔끔하게 계산되지 않습니다. 거래 기관, 평가 기관마다 가격 차이가 여타 상품에 비해 많이 나곤 하는 주요한 이유 중 하나입니다. 그러나 이제는 합성 CDO 취급 경험이 많은 기관들이 많아지면서 이러한 가격 차이도 점점 줄어들고 있습니다.

합성 CDO 가격에 대한 오해

많은 사람들이 최근의 금융 위기를 합성 CDO의 가격 평가가 잘 되지 않아 문제가 생긴 것이라고 생각합니다. 또 어떤 이들은 이러한 상품의 취급 기관이 상품을 취급하면서 얼마 정도의 위험을 보유하게 되는지에 대한 지식이 없었다고 지적합니다.

글쎄요. 위에서처럼 합성 CDO의 가격은 대체적으로 평가가 잘 됩니다. 물론, 트레이더들의 주관적인 요소가 들어가 가격이 살짝 왜곡될 수는 있으나, 그런 일은 주식 파생과 같이 거래량이 많은 다른 파생 상품들에 있어서도 흔히 일어나는 일입니다. 문제의 본질이 상품의 평가 오류 등과 같은 기술적인 부분에 있었다기보다 상품이 확산되는 과정에서 발생한 과도한 투기에 있었다고 보는 것이 맞습니다.

신용 파생 상품의 변화

최초 CDS와 같은 신용 파생 상품의 원래 목적은 신용 위험을 경감하는 것이었습니다. 바스킷 CDS까지만 해도 실제 보장매입자는 자신들의 재무제표상의 신용 위험을 경감하자고 했던 경우가 대부분이었습니다. 그러나 합성 CDO의 실질적인 보장매입자(채권의 발행자, IB)는 다릅니다.

이들의 재무제표에 저런 다양한 100개의 다른 기업 익스포져가 있었을까요? 있었다고 한다면, 저렇게 1%씩 헤지하는 것이 과연 얼마나 효과가 있고 효율적이었을까요? 그렇다고 보이지는 않습니다. 결과론적인 해석이지만, 투자 은행들이 합성 CDO를 발행하기 위해 일부러 시장에서 신용 위험을 일으켰다고 보는 것이 더 정확할 것입니다. 즉 합성 CDO의 발행자인 IB들은 보장매입자도 매도자도 아닌 투자 상품의 발행자였던 것입니다. 이 시점부터 신용 파생 상품은 헤지 수단이 아닌 투자 수단으로 본격적인 변신을 보여 주게 됩니다. 이러한 변신은 이후, 신용 파생 시장의 규모를 그 헤지 대상인 채권 시장보다도 훨씬 큰 규모로 성장시키게 됩니다. 이러한 통계에 대해, 반대 포지션 간 상계가 잘 되지 않아 그 규모가 과대 계상되었다는 지적도 있으나, 신용 파생 상품이 대출이나 채권의 신용 위험을 제거하기 위한 것이라는 본래의 목적을 넘어서게 된 것은 사실인 것 같습니다. 또한 이렇게 형성된 시장의 레버리지는 거품이 꺼짐과 동시에 유동성을 고갈시키고 금융 기관들의 엄청난 손실을 가속화시키는 데 일조하게 됩니다.

다음은 신용 시장 충격과 그 문제점에 대하여 살펴봅니다.

41 ^{Chapter}

Chapter

금융 위기와
신용 파생 상품

금융 위기의 시작

　많은 사람들이 이번 금융 위기의 주범을 신용 파생 상품이라고
인식하고 있습니다. 전혀 틀린 말은 아니지만, 여기에는 중요한 오
류가 숨어 있습니다. 금융 위기가 시작되었을 때, 그 발단은 부동산
가격 폭락에 따른 금융 기관 손실 급증이었습니다. 그 와중에 거론
되었던 것이 CDO였는데, 이 CDO는 지금까지 살펴본 합성 CDO와
는 다른 상품입니다. 합성 CDO와 부동산 시장 하락은 직접적으로
관련이 없습니다. 합성 CDO들의 준거 자산들 중 부동산 회사는 극
히 일부입니다. 금융 위기가 시작되었을 때, 금융 기관 파산의 주범
이 되었던 것은 Cash CDO였으며, 이 상품은 신용 파생 상품이 아닌
자산 담보부 채권의 한 종류입니다.

Cash CDO vs. 합성 CDO

CDO는 Collateralized Debt Obligation, 즉 자산 담보부 증권입니다. 복수의 준거 자산들을 포트폴리오로 모으고 tranche로 쪼개 파는 채권인 것입니다. ABS와 유사합니다. CDO 중에서 채권이나 ABS 채권들로 준거 자산을 구성한 것을 Cash CDO, CDS들로 준거 자산을 구성하면, 현금 흐름을 복제했다고 하여 합성 CDO(Synthetic CDO)라고 부르는 것입니다. Cash CDO는 ABS와 유사할 뿐, 신용 파생 상품으로 분류하지 않습니다.

금융 위기의 주범

부동산 시장이 활황이었을 때, 사람들은 은행 주택 담보 대출을 늘려 집을 사기에 바빴고, 은행들은 이들에게 더 완화된 대출 기준을 적용해 돈을 공급해 주었습니다. 아무리 대출을 늘리고 이자 부담이 늘어나도 그보다 집값은 더 올랐으므로 사람들은 부동산에 더욱 열광하였고 부동산 경기는 영원히 꺼지지 않을 것으로 보였습니다.

돈을 빌려준 은행들은 모기지들을 가지고 투자 은행에게 가서 ABS를 발행했고, 투자 은행들은 이 ABS들을 다시 한데 뭉쳐서 Cash CDO를 발행했습니다. 한마디로 Cash CDO들은 주택 담보 대출 ABS들의 포트폴리오였습니다. 이즈음, 모기지 익스포져는 유동화되고 다시 유동화되는 과정에서 전 세계 각지로 퍼져 있게 되었으며, 원래 모기지 익스포져의 합을 몇 배나 초과하도록 레버리지는 증폭되었습니다.

그다음 오르기만 했던 부동산이 갑자기 폭락하기 시작합니다. Cash CDO를 통해 위험은 전 세계에 퍼져 있었고, 너무 복잡하게 얽혀 있어서 그 규모와 대상이 파악되지 않았습니다. 이는 다시 시장에 공포를 주며, 신용 시장을 경색시켜 돈줄을 막히게 했습니다.

신용 파생 시장으로의 위기 전이

신용 경색으로 금융권뿐만 아니라 일반 기업들도 자금이 막히게 되고 부도율이 치솟는 상황이 되자, 그러한 기업들을 준거 자산으로 했던 CDS와 합성 CDO들이 무더기 손실을 보기 시작합니다. 주식 시장 폭락과 함께, 신용 시장의 스프레드는 엄청난 급등세를 보였습니다. 그리고 그 충격은 계속 퍼져 이후 금융 기관들의 연쇄적인 손실 증가의 원인이 되었습니다. 여기서 한 가지 중요한 것은 신용 파생 상품 손실을 CDS와 합성 CDO의 손실로 구분할 필요가 있다는 점입니다.

CDS의 손실 vs. 합성 CDO 손실

신용 위기 상황에서도 CDS와 합성 CDO의 손실은 그 결과가 달랐습니다. CDS 계약에서는 그 준거 기업이 부도났을 때, 보장매도자에게는 물론 손실이 발생하였지만, 보장매입자는 그만큼 수익을 보았습니다. 즉 CDS는 헤지 수단으로서의 역할을 제대로 해낸 것입니다. 그러나 앞서 설명했듯이 대부분 합성 CDO의 발행자는 엄밀히 말해 진정한 보장매입자가 아니었습니다. 투자 상품 발행자로서 보장 매도와 매입을 동시에 했고, 이러한 합성 CDO 발행사들 자신이 투자 상품으로 이들 상품을 보유하고 있었으니, 적어도 대형 투자 은행들은 엄청난 손실을 피할 수 없었습니다.

신용 파생 상품이 합성 CDO를 통해 투자 수단으로 널리 유행하게 된 이후, 시장에서는 과도한 양의 CDS 거래가 발생하여 왔습니다. 원래 CDS가 준거 자산이 되는 채권이나 대출의 신용 위험을 헤지한다는 목적을 갖는다면, 시장에서 채권과 대출의 규모가 CDS 계약의 규모와 같을 때, 신용 위험이 제대로 헤지된 것입니다. 그러나 CDS 시장의 규모는 여신 시장의 규모보다 크고 빠르게 성장했습니다. 즉 하나의 채권에 대해 복수의 CDS 계약을 체결한 사례가 많아졌다는 이야기입니다. CDS를 투기적 목적으로 사용했다는 뜻입니다. 이러한 투기적 목적의 CDS 거래 증가는 오랜 시간 이어져 온 금융 시장 활황 속에서 기존의 투자 상품으로는 더 이상 수익을 추구하기 어려웠던 대형 금융 기관들이 합성 CDO의 투자 규모를 경쟁적으로 늘리게 되면서 발생한 부작용입니다. 결국 CDS 자체가 아닌 레버리지가 문제였던 셈입니다.

다음은 향후 신용 파생 상품 시장의 방향에 대하여 살펴봅니다.

42 Chapter

앞으로의
신용 파생 상품 시장

위기의 극복과 발전

오래 전에 생겨나 위기와 발전을 거듭하며 정착한 많은 파생 상품들처럼 신용 파생 상품 시장도 변화를 위한 노력을 진행 중입니다.

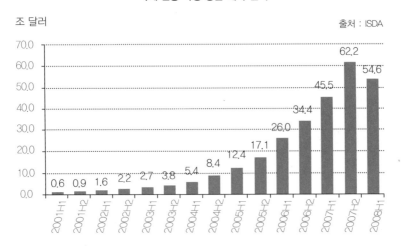

● 국제 신용 파생 상품 계약 잔액

조 달러   출처 : ISDA

▶ 신용 파생 시장은 거래 잔액 기준으로……

2001년 0.6조 달러

2007년 62조 달러 (100배 성장)

▶ 신용 위기 이후에도 거래 규모 감소는 크지 않음

▶ 그래프에서 2008년도 거래 잔액이 감소한 것은 거래 표준화에 따른 상계가
증가하였기 때문으로 해석

▶ 2003년 채권 시장 거래량 추월

▶ 2007년 이자율 파생 시장 다음으로 큰 규모로 성장

문제가 되었던 복잡한 구조의 상품들이 줄어들고 비교적 단순한 구조와 낮은 레버리지 상품이 증가하면서 백 투 더 베이직(Back-to-the-Basic)에 집중하는 모습이 보입니다.

폭발적인 성장을 보인 신용 파생 시장, 신용 위기에도 규모 유지

신용 경색이 발생하였지만, 전체적인 규모로 볼 때 신용 파생 시장은 그 규모가 유지되고 있습니다. 2008년의 거래 잔액 감소는 최근 이루어지는 신용 파생 상품 시장의 거래 표준화 노력으로 보장 매입과 매도 거래들이 상계 처리된 데 기인한 것으로 해석됩니다. 물론, 전체적인 거래 규모는 유지되고 있으나, 그 내면에는 변화도 있습니다. 그동안 유행했던 합성 CDO 등 구조화 증권의 거래량은 줄고, 단일 준거 자산 CDS 혹은 신용 인덱스 거래 등과 같이 표준화되고 투명한 상품들의 거래가 증가하는 것이 그 예입니다.

앞으로의 신용 파생 시장

● 거래 표준화: 모든 장외 파생 상품(OTC: Over The Counter)이 마찬가지지만, 특히 CDS는 거래 종결의 조건, 규모, 수수료 등 여러 가지를 거래 당사자 상호 간에 각기 다르게 계약하곤 합니다. 이런 점은 그동안, 신용 파생 상품들 간의 상계를 어렵게 하여, 거래 규모를 과대 계상되게 하고 표준화를 어렵게 하여 유동성을 저해시키는 요인으로 작용하였습니다. 따라서 시장에서는 신용 파생 계약 표준화를 통해 문제점을 해소하려는 노력이 이루어지고 있습니다.

▷ **신용 사건 발생의 판정 기준 통일** (신용 사건 판정 위원회 설치, 채무 재조정 제외 등)
▷ **고정 수수료 제도** (예: 모든 신용 파생 상품이 100bp, 500bp를 제공, 나머지는 현금 선취)
▷ **청산 절차 통일** (기손의 현물 결제 혹은 현금 결제 방식에서 옥션 프로세스 도입으로 전환)

● 중앙 청산소(Centralized Clearing) 설치: 거래의 표준화는 중앙 집중식 청산소의 운영을 가능케 할 것입니다. 청산소는 신용 파생 거래의 지급 불이행과 같은 거래 상대방 위험을 줄이고, 거래의 투명성과 효율성을 촉진시킬 수 있습니다. 제대로 운영될 경우, 신용 파생 거래와 같은 장외 파생 상품(OTC)들이 거래소 상장 상품처럼 취급될 수 있습니다.

국내 시장은?

　괄목할 만한 성장을 보인 국내 신용 파생 시장은 최근의 경제 위기 속에서 급속한 후퇴를 경험하고 있습니다. 여론을 통해 실추

된 신용 파생 상품의 이미지와 그로 인한 상품에 대한 거부감이 주 원인입니다. 물론 그동안 국내 신용 파생 시장이 너무 외국계 IB에 의존하여 합성 CDO와 같은 투자 상품 위주로 발전해 온 측면이 있습니다. 하지만 그를 통해 시스템과 거래에 대한 지식 등의 역량을 확보하려는 노력을 기울일 수 있었고 수준도 상당히 높아졌습니다. 또 실패에서 배운 교훈도 있습니다. 여기서 발전을 멈추어 향후에 도 다시 외국계에 끌려 다니는 우를 범할 것이 아니라, 우리가 가진 강점을 바탕으로 국내 시장을 국내 기관이 주도할 수 있는 기회를 가질 수 있기를 바랍니다.

지금까지 신용 파생 상품에 대해 살펴보았습니다.

PART 5.

알기 쉬운
상품 파생 상품

43 Chapter

상품 파생

Commodity의 정의 및 상품 파생의 발전

Commodity(상품)란 주식, 채권 등 금융 자산과는 달리 에너지, 금속, 농축산물 등 사용에 따라 지하 매장량을 고갈시키거나 미래 축적된 재고를 소모시키는 희소성을 지닌 자산을 말합니다. 즉 금, 원유, 구리 등 생산에 활용되는 원자재들이 주를 이룹니다. 최근에는 운임, 날씨, 탄소배출권 등 금융 상품과 대별되는 기초 자산까지 포괄하는 용어로도 사용합니다.

Commodity 파생 상품은 이러한 Commodity를 기초 자산으로 하는 파생 상품입니다. Commodity 파생 상품은 1948년 설립된 시카고 상품거래소에서 선도 거래가 이루어진 이후에 1980년대 초까지만 해도 세계 파생 시장의 주류였습니다. 상품을 거래할 때 실물이 결부된다는 측면에서 저장, 운송 등 유통상의 비효율적인 문제가 발생할 개연성이 높았기 때문에 필요한 상품을 시간과 장소의 구애 없이 편리하게 거래할 수 있는 파생 상품이 발달하게 된 것입니다. 이후 이자율, 외환 등 금융 파생 상품이 비약적으로 성장하면서 상대적으로 축소되긴 했지만 Commodity 파생 상품은 여전히 파생 상품 시장의 중요한 축을 담당하고 있습니다.

Commodity의 종류

사실상 거의 모든 실물이 Commodity 범주 안에 들 수 있겠지만 파생 상품과 결합하여 실제로 활발히 거래되는 기초 자산에는 다음과 같은 것들이 있습니다.

에너지	금속	농산물	인덱스	기타
· 원유: WTI, 브렌트 · 석유 제품: 휘발유, 난방유 · Power · 천연 가스 · 석탄……	· 산업용 금속: 구리, 니켈 · 귀금속: 금, 은	· 곡물: 옥수수, 대두 · Oilseed: 팜오일, 올리브유 · 축산물 · Soft(커피 등)……	· S&P GSCI · DJ UBS · CRB……	· 운임: 탱커, Dry · 날씨 / 기후 · 탄소배출권 ……

Commodity 시장의 특징

실물이 결부된다는 측면에서 Commodity 시장은 다음과 같이 금융 자산과 약간 다른 특징을 가지고 있습니다.

· **수급의 중요성:** 미래 현금 흐름(cash flow)의 현재 가치보다는 계절적, 지역적 수급에 의해 형성된 가격이 더 중요합니다.

· **낮은 수요 탄력성:** 일반적으로, Commodity는 경제 생활에 있어서 필수적인 자산이기 때문에 가격에 대한 수요 탄력성은 매우 낮습니다.

· **생산량의 중요성:** Commodity의 공급량은 생산량과 재고량의 합으로 산출되는데, 인류가 경제 생활을 지속하는 한 재고량에 비해 생산량의 중요성이 더 크다고 할 수 있습니다. 또한 에너지 Commodity의 경우에는 상대적으로 작은 매장량 때문에 매장량 수치 자체가 공급 물량 못지않게 가격 결정에 큰 영향을 미치고 있습니다. 석유수출국기구(OPEC)가 대표적인 사례 중 하나일 것입니다.

· **보관, 운송의 어려움:** 실물 거래를 수반하므로 유통상 마찰 요인이 존재하고 이러한 이유 때문에 Commodity는 실물 자체의 거래보다는 피싱 상품을 매개로 한 거래가 더욱 발달하게 되었습니다.

44 Chapter

Commodity
파생 상품의 유용성과
메커니즘

Commodity 파생의 유용성

역사적으로 Commodity 가격은 금융 자산과의 상관관계가 상대적으로 낮아 금융 포토폴리오의 위험을 분산시키는 데 효율적이라고 여겨져 왔습니다. 다음 표를 참조하면 기타 자산들과 매우 적거나 음의 상관관계를 가져왔다는 것을 확인할 수 있습니다.

구분	S&P GSCI (상품)	S&P500 (주식)	US Treasury (미국채)	US TIPS (물가)	Global HY (회사채)
상품	1.00	–	–	–	–
주식	0.13	1.00	–	–	–
미국채	−0.01	−0.09	1.00	–	–
물가	0.27	−0.01	0.71	1.00	–
회사채	0.26	0.58	−0.13	0.31	1.00

다음으로, 대다수 Commodity 가격은 US 달러 기준으로 거래되기 때문에 일반적으로 거래 통화 가중 평균 달러 가치와 음의 상관관계를 가집니다. 따라서 달러 가치가 약세를 보일 경우에 상대적으로 Commodity 가격이 상승하기도 합니다.

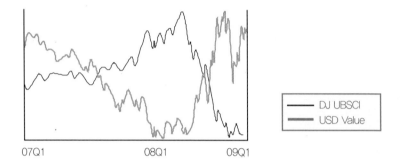

또한 금속, 에너지, 운임 등 Commodity 가격은 공산품, 건축 등의 원가 중 가장 중요한 요소입니다. 따라서 이러한 원자재 가격과 물가 상승률 간에는 강한 상관관계가 존재할 수밖에 없기 때문에 인플레이션 헤지(inflation hedge) 수단으로써 유용한 역할을 담당할 수 있습니다. 예를 들어, 물가가 상승할 것이라고 예상이 되면 전 세계 많은 투자자들이 Commodity 시장에 몰려들게 되는데, 최근 국제 경기가 바닥을 쳤다는 의견이 대두되자 원자재 가격이 폭등한 것이 그 예가 될 것입니다.

Commodity 투자 방법

주가 지수 선물을 통해 직접 주식을 사고팔지 않아도 주식 투자가 가능한 것처럼 Commodity에 투자하기 위해 반드시 실물 자산에 투자해야 하는 것은 아닙니다. 실물 자산에 그대로 투자하게 되면 실제 Commodity 가격을 정확하게 복제할 수 있다는 장점이 있으나, 보관, 운송, 재판매 등 거래 위험이 크고 거래 편의성이 떨어집니다.

또한 실제 Commodity를 생산하는 광구에 투자하는 방식은 생산에 따르는 부가 가치까지 취할 수 있다는 장점이 있으나, 광구 매장량의 불확실성, 파업, 규제 등의 위험에 노출된다는 단점이 존재합니다. Commodity 연관 기업의 주식에 투자하는 방식은 거래 편의성은 크게 증가하지만, 전체 주식 시장의 위험(체계적 위험) 및 고유 기업의 위험(비체계적 위험)에 노출된다는 단점이 있습니다.

반면 파생 상품 시장을 이용할 경우 풍부한 유동성으로 인한 가격 투명성과 만기전 청산이 가능하고 현금 방식의 차액 정산을 통해 실물 인수로를 회피할 수 있는 장점이 있습니다.

상품 지수를 이용한 투자

상품 지수(Commodity Index)란 상품의 생산량, 거래량 등을 고려하여 결정된 구성 비율에 따라 구성된 지수를 말합니다. 대표적인 지수로는 S&P GSCI와 DJ-UBSCI가 있습니다. Commodity 중 어느 한 분야에 치우치지 않고 다양한 상품군에 한 번에 투자할 수 있도록 구성된 방법입니다. 인덱스 상품의 가격은 일반적으로 최근 월 선물에 투자함으로써 계산되며 투자 수익은 이러한 선물 가격의 움직임으로부터 발생합니다.

Roll Return에 따른 상품 지수의 위험성

구성 종목의 파생 상품이 선물이기 때문에 만기가 존재하게 되며 해당 선물은 만기가 되기 전에 특정일에 차근월물로 Roll-Over (투자 기간 연장) 됩니다. (즉 최근월물을 매도하고 차근월물을 매수) 이 과정에서, 최근월물과 차근월물의 가격 차이에 따라 양수 또는 음수의 'Roll Return(투자 기간 연장 수익률)'이 발생합니다. 즉 최근월 선물 가격이 차근월 선물보다 낮을 경우 가격이 낮은 상품을 팔고 높은 상품을 사게 되므로 Roll Over할 때 손실이 발생합니다. 반대로 최근월 선물 가격이 차근월 선물보다 높을 경우 가격이 높은 상품을 팔고 낮은 상품을 사게 되므로 Roll Over할 때 이익이 발생합니다.

2008년 10월 금융 위기 이후로 상품 가격이 급락하면서 최근월 선물이 차근월 선물보다 낮은 상황이 지속되면서 주요 상품 지수 수익률에 부정적인 영향을 미쳤습니다.

45 ^{Chapter}

원유 파생 상품

석유 관련 제품은 난방, 연료뿐만 아니라 가구, 옷, 장난감 등 현대 생활에서 안 쓰이는 곳이 없을 만큼 우리 의식주 깊숙이 자리 잡았습니다. 바로 이 석유 제품의 원료인 원유와 관련 파생 상품 거래에 대해 알아봅니다.

원유의 종류

김치 맛이 집집마다 다르고 지방마다 다르듯이 원유도 산지, 황함유도, 비중에 따라 다양한 종류로 나뉩니다. 그중 국제 거래시 가격 기준(benchmark)이 되는 세계 3대 원유는 WTI유(West Texas Intermediate), 브렌트유(Brent oil), 두바이유(Dubai oil)이고, 이 중에서도 거래 유동성이 가장 높으며 파생 상품의 기초 자산으로 가장 많이 사용되는 원유는 흔히 뉴스에서 '서부 텍사스산 경질유'라 불리는 WTI유입니다.

종류	생산 지역	중량	황 함유량
WTI	미국	경량	저
브렌트	북해	경량	저
두바이	페르시안 만	중량	고

위에서 열거한 원유 외에 산지와 품질에 따라 다양한 종류의 유종이 존재합니다.

원유 생산의 지역별 불균형과 이동

원유의 매장량은 중동 지역이 압도적으로 많고 최대 생산 국가도 중동의 사우디아라비아입니다. 사우디아라비아는 상대적으로 자국 내 소비량이 적어 최대 수출국이기도 합니다. 이와 같이 석유 수출이 많은 국가들은 독자적인 국제 기구를 만들어 공급량을 조절하여 자국의 이익을 극대화하고 있습니다.

석유 수출국 기구(OPEC)가 바로 그것인데, OPEC 회원국들은 생산량 담합을 통해 원유 가격을 조절합니다. 다음 그림을 보면 OPEC 11개 회원국들의 생산량은 원유 가격에 후행하는 모습을 보입니다.

미국과 중국도 세계에서 열 손가락 안에 드는 원유 생산국이지만 자국 내 소비가 워낙 많기 때문에 생산량에 버금가는 원유를 수입하고 있습니다. 이러한 지역 간 원유 생산 및 소비의 불균형은 막대한 국가 간 원유 거래를 촉발합니다. 일본과 우리나라도 막대한 원유 수입국이기도 한데, 이는 자국 내 소비도 크지만 원유 정제를 통해 석유 제품을 해외로 판매하기 위한 원료로서 원유를 수입하기 때문입니다.

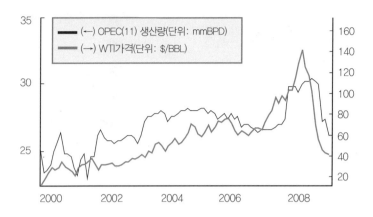

정유 회사의 원유 파생 상품 활용

정유업체는 일반 다른 제조업체와 마찬가지로 원자재(원유)와 최종재(석유 제품) 시장 모두의 영향을 받게 됩니다. 원유의 가격과 난방유, 휘발유 등과 같은 정제유의 가격은 종종 다양한 시장 변수들에 의하여 독자적으로 변동하기 때문에 정유업체는 이 두 가격의 스프레드에 의해 영업 이익이 변동되는 위험에 놓여 있습니다. 예를 들어 정유업체가 비싼 값으로 원유를 도입하여 휘발유를 정제하였는데, 정제유 가격이 급락하여 정제 마진이 축소될 수 있는 것입니다.

'크랙(Crack)'은 원유를 정제하는 과정을 일컫는 말로서, 크랙 스프레드를 거래하게 되면 정유업체는 원유의 가격 상승 위험과 석유 제품의 가격 하락 위험을 막아 적정한 이윤을 확보할 수 있습니다. '원유 : 휘발유 : 난방유'의 비율은 보통 '3:2:1' 또는 '2:1:1'이며, 정유업체의 주력 제품 구성 비율에 따라 달리 적용할 수 있습니다.

소비자	석유 제품	헤지 상품	기본 단위
항공사	jet fuel	crude/jet fuel	$/BBL
해운사	fuel oil	HSFO	$/MT
철도/운송	diesel	gasoil	$/MT
설비/중공업	natural gas / fuel oil	natural gas / HSFO	$/mmBTU, $/MT

석유 제품 소비자와 헤지 상품

소비자에 따라 다양한 석유 제품을 사용하고 있으나, 해당 석유 제품이 모두 파생 상품으로 거래되는 것은 아닙니다. 이 경우 상관 관계가 가장 높은 석유 제품을 기초 자산으로 하는 파생 상품을 이용하여 가격 변동 위험을 헤지하게 됩니다.

46 Chapter

귀금속 파생 상품

금의 양면성

금(gold)은 BC 3,000년 고대 이집트에서 처음 발견된 이래로 희귀성과 금속적인 특성으로 인해 장식용 귀금속 및 화폐로 이용되어 왔습니다. 오늘날에는 투자 자산 및 여러 위험에 대비하는 헤지 수단으로서의 기능도 수행하고 있습니다.

브레턴 우즈 체제(Bretton woods system)의 시작 전까지 절대 통화(금융 자산)로 널리 사용되어 왔으며, 그 이후로는 우수한 물리적 특성으로 일반 상품(실물 자산)으로서의 가치가 부가되어 장신구(주얼리용)와 산업재(반도체 금속 연결semiconductor bonding wire용) 등으로 널리 사용되고 있습니다.

금융 자산으로서의 가치는 통화나 채권 등이 매력을 잃을 경우 대체 투자 수단으로 가치가 증대되는 특성이 있으며, 상품 자산 측면에서는 경기가 활황일 경우 수요가 증가하여 가치가 증가합니다. 더욱이 최근 금융 위기의 경우처럼 금융 시장 및 경제 체제가 불안

정해지거나 인플레이션 우려가 심화되는 경우에는 안전 자산 선호 현상으로 그 가치가 부각됩니다.

금 거래의 편의성

거래 단위가 크고 실생활에 밀접하지 못한 일반 Commodity와 달리 금은 일반인들도 쉽게 접근 가능한 형태의 상품으로 거래됩니다. 금융 자산으로서의 금의 거래 형태 중 가장 일반적인 두 가지는 다음과 같습니다.

골드 뱅킹은 금 실물의 거래 없이 통장에 금을 적립하거나 입출금할 수 있는 상품으로 예를 들어, 신한은행에서는 '골드 리슈(gold riche)'라는 브랜드로 취급하는 금융 상품입니다.

골드 ETF는 마치 주식을 거래하듯이 골드 ETF를 사고팔면 실제 금을 사고파는 것과 거의 유사한 효과를 얻을 수 있어 거래의 편의성이 높고 높은 유동성으로 인해 거래 비용이 낮다는 장점이 있습니다.

금 가격 헤지 예시

금을 생산하는 광산업자는 금 가격 하락 위험에 노출되어 있기 마련입니다. 따라서 금 선도(gold forward) 매도로 금 가격이 떨어지기 전에 미리 팔아 놓으면 이후 가격이 올랐을 때 생기는 이익은 포기하는 대신 하락 위험은 회피할 수 있습니다. 그렇다면 광산업자의 금 선도 거래 상대방은 미래에 발생하는 금(gold) 포지션을 어떠한 방식으로 이전시킬까요? 신한은행이 그 거래 상대방이라고 가정했을 때, 광산업자와 금 선도 거래를 수행함과 동시에 기타 스왑은행과 골드 스왑 거래를 수행하고 금 현물(gold spot) 시장에서 현물 거래를 함으로써 광산업자에게 헤지 솔루션을 제공할 수 있습니다.

기타 귀금속

은은 감광성이 뛰어나고 전기 및 열의 전도성이 높은 반면에 가격이 금보다 낮아 필름, 전자 회로, 배터리 등 산업재에 널리 사용해 왔으나 최근에는 금과 같이 투자 수익을 목적으로 하는 수요가 늘어나고 있었습니다.

백금은 촉매 기능과 전도성, 산화에 대한 저항성이 강해 금보다도 산업용 원료로 더 많이 사용됩니다. 따라서 백금 가격은 세계 경제 여건에 보다 민감하게 움직이며 보석 산업 및 자동차 산업의 경기에도 상당한 영향을 받습니다. 주로 자동차, 공업재, 보석류 등에 사용합니다.

팔라듐은 백금과 마찬가지로 촉매 기능과 전도성, 산화에 대한 저항성이 강해 여러 산업에서 널리 쓰이며 생산과 용도에서 백금과 약간의 차이만을 보입니다. 주도 자동차, 전자 제품, 치의 재료, 보석류로 사용합니다.

• 연간 금 공급/ 수요

Supply	2006	2007	2008	2009E
Mine production	2,485	2,478	2,409	2,553
Official sector sales	365	484	236	24
Old gold scrap	1,129	958	1,217	1,541
Net producer hedging	—	—	—	—
Implied net disinvestment	—	—	—	—
Total Supply	3,979	3,920	3,862	4,118

Demand	2006	2007	2008	2009E
Fabrication	—	—	—	—
Jewellery	2,285	2,410	2,192	1,687
Other	648	671	692	639
Total Fabrication	2,932	3,081	2,885	2,326
Barhoarding	235	236	392	174
Net producerde hedging	410	444	349	242
Implied net investment	398	160	236	1,375
Total Demand	3,979	3,920	3,862	4,118

출처: GFMS

47 Chapter

농산물 파생 상품

21세기에 들어서면서 신흥 경제국들의 식문화 개선 및 지구 온난화 등 기후 변화로 인해 농산물의 가치가 매우 가파르게 상승했습니다. 거기에다가 환경 보호와 에너지 가격 상승으로 전통적으로 식료품으로서의 가치를 지니고 있던 농산물이 바이오 에너지 원료로도 각광받고 있습니다.

곡물 Commodity의 특징

여타 Commodity에 비해 매장량이 정해져 있는 것이 아니고 경작 면적, 날씨 등에 의해 생산량이 영향을 받는 특징이 있고, 경작지라는 한정된 자원을 사용한다는 점에서 생산량이 무한정 늘어날 수는 없습니다.

최근 개도국 생활 수준 향상으로 곡물 수요가 증가하고 있고 기후 변화, 경지 면적 제한으로 인해 생산량 증가가 제한되고 있으며,

생산 원가 증가, 바이오 연료 수요 증대로 인해 곡물 가격은 향후 증가할 것으로 예상됩니다.

주요 곡물의 특징

· **옥수수** : 옥수수는 다른 작물에 비해 환경 적응성이 매우 커서 150여 품종이 세계 각 지역에서 고루 재배됩니다. 미국은 세계 최대의 옥수수 생산국이며 중국이 그 뒤를 잇고 있습니다. 미국에서 생산되는 대부분의 옥수수는 가축의 사료로 사용되고 나머지는 다른 나라로 수출합니다.

· **대두** : 대두는 가공을 통해 대두유와 대두박으로 나뉘며 대두유는 주로 식품 산업에서 소비되어 식용유, 마가린 등으로 사용하고 대두박은 동물의 사료 등으로 사용합니다. 대두는 옥수수와 같은 지역에서 생산이 가능하고 부산물인 대두박이 동물의 사료로 사용된다는 점에서 옥수수의 대체재적인 성격을 지니고 있습니다.

· **소맥** : 소맥은 다양한 지역에 걸쳐 재배되며 세계에서 가장 오랫동안 널리 이용되는 식량 작물의 하나입니다. 러시아의 생산량이 가장 많으나 미국의 국내 소맥 수급 상황의 변화가 세계 소맥 시장에 크게 영향을 미칩니다. 소맥 소비는 주로 식품 부문에서 이루어지며 가격 하락으로 옥수수 및 기타 사료 작물과 경쟁력이 생길 경우에는 동물의 사료로 이용하기도 합니다.

바이오 연료

　바이오 연료란 식물 혹은 동물 등에서 추출한 에너지원으로 특히 자동차 연료를 대체할 수 있는 에너지를 말하며 크게 바이오디젤(bio-diesel)과 바이오에탄올(bio-ethanol) 등으로 나뉩니다. 이 중 바이오디젤은 경유, 유채 씨, 해바라기, 팜유 등 식물성 기름과 폐식용유 등에서 뽑아내고, 바이오에탄올은 사탕수수, 사탕무, 옥수수 등 당질계 식물에서 추출합니다.

　바이오 연료는 종전의 내연 기관에 그대로 쓸 수 있는 등 에너지 체계와 호환이 가능하여, 태양광, 풍력 등 다른 신재생 에너지보다 초기 투자비 부문에서 유리한 점이 있습니다. 이로 인해 화석 연료의 가장 현실적 대안으로 받아들여지고 있어 2004년 중반 이후 OPEC권 원유 공급량 정체로 인해 공급이 비약적으로 증가하게 되었습니다. 특히 브라질의 경우 바이오에탄올로 운행이 가능한 플렉스 자동차(flex-fuel vehicle)가 전체 차량의 20% 이상을 차지하고 있고, 미국에서는 바이오디젤 5~20%을 혼합한 디젤유를 사용하는 등 남미와 북미 국가들 중심으로 바이오 에너지의 저변이 넓어지고 있습니다.

　그러나 현재 바이오 연료는 전통적인 운송용 연료보다 가격이 비싸고, 벌목, 재배 등 생산 과정에 있어서 오히려 이산화탄소가 많이 발생하는 문제가 있습니다. 더 심각한 것은 다량의 식품이 상대적으로 적은 양의 연료를 만들기 위해 사용된다는 점입니다. 미국에서 생산되는 옥수수의 약 $\frac{1}{4}$이 에탄올 생산에 이용되지만, 미국 내 가솔린 수요의 단지 4%만 대체하는 데 그치고 있다는 점에서 문제가 제기되고 있습니다.

새로운 파생 상품 탄소배출권

1997년 세계 각국은 이산화탄소와 같은 온실가스 감축을 위해 교토의정서(Kyoto Protocol)를 발효시키고 선진국 중심으로 2012년까지 저감 목표를 설정하고 온실가스 배출권을 거래하기로 합니다. 탄소 배출 저감의 대가로 UN으로부터 CER(Certified Emission Reduction)이라는 크레딧(credit)을 발행받을 수 있으며 이를 개별 국가들의 저감 목표 달성에 사용하거나 다른 국가나 기업에 판매할 수 있도록 만든 제도입니다. 이러한 제도는 탄소 저감이 상대적으로 수월한 후진국 또는 개발도상국에서 낮은 비용으로 저감한 실적을 선진국들이 구매하도록 유도함으로써 세계 전체적인 온실가스 배출을 줄이려는 의도에서 출발하였습니다.

의무 감축 대상 국가는 36개국으로 미국, 중국, 한국 등 개발 도상국 및 이해관계가 맞지 않는 국가들은 의무 감축 대상에서 제외되어 있습니다. 지금 현재로서는 이러한 국가들이 의무 감축 국가에 비해서 이익을 얻는 것으로 보이지만 향후 온실가스 감축 사업과 탄소배출권 거래 제도가 확대될 경우 얻을 수 있는 시장 선점 효과와 노하우를 잃고 있다는 점에서 반드시 이익을 보고 있다고 말할 수는 어려울 것입니다.

현재 유럽 27개 국가 중심으로 독자적인 탄소배출권 거래 제도를 만들어 거래 시장 활성화에 나서고 있고 EUA(EU Emission Allowance)라는 탄소배출권을 거래 중에 있습니다. EUA는 유동성 및 유럽 내에서의 활용성 등으로 인해 CER보다 약 1~2유로 가량 높은 가격에 거래되고 있습니다.

국내 이산화탄소 배출량은 해마다 꾸준히 증가하고 있으며 대

• 국내 CO$_2$ 배출 구조 및 추이

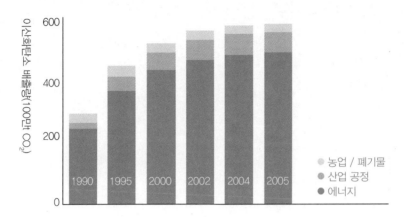

부분 에너지 부문에서 발생하고 있습니다. 에너지 부문 배출량 감소를 위해서는 발전 산업 구조 전반의 변화가 필요하다는 점에서 온실가스 배출량 감소 목표 달성을 위한 방안 마련이 상대적으로 어려운 상태입니다.

PART 6.

알기 쉬운
파생 상품 가격 결정 이론

파생 상품의
가격 결정: 선도와 스왑

파생 상품 가격 결정 이론의 출발

파생 상품의 가격 결정은 매우 어렵고 멀게 느껴지는 분야입니다. 파생 상품이 무엇인지도 헷갈리는 상태에서 가격 결정까지 이해한다는 것은 더욱더 부담스러운 것이 사실입니다. 물론 파생 상품에 직접 투자를 하거나, 거래를 하거나 마케팅을 하고 있는 모든 사람이 정밀한 파생 상품을 직접 설계하거나 계산할 필요는 없습니다. 하지만 기본 프로세스를 이해하는 것과 그렇지 못한 것은 큰 차이가 있을 것입니다. 파생 상품을 거래하는 데 있어서 그 리스크는 결국 가격 결정 구조에 내포되어 있으므로, 가격 결정 구조에 대한 일정 부분의 이해가 내가 거래하는 파생 상품의 위험성에 대해서 가장 잘 설명을 해줄 것입니다. 흔히들 고위험 고수익(High Risk/High Return)이라고 합니다. 이는 물론 파생 상품에도 100% 적용되는 것입니다. 저위험 고수익(Low Risk/High Return) 파생 상품의 가격이 가장 비쌀 것이고, 고위험 저수익(High Risk/Low Return)의 경우, 파생 상품의 가격이 가장 싸야만 할 것입니다. 시장성 상품에 투자를 하는 데 있어서 가장 기본적인 내용이지만 간과하여 큰 낭패를 보는 경우가 많습니다. 이는 리스크를 고려하지 않고 단순히 수익과 가격만을 비교할 경우에 대부분 발생하게 되고, 파생 상품처럼 리스크 요인이 혼재되어 있는 경우는 더더욱 우를 범하기 쉽습니다.

파생 상품 가격 결정의 기본

그럼 본격적으로 파생 상품 가격 결정의 기본으로 들어가 봅니다. 파생 상품은 기초 자산을 가지고 선도(선물), 스왑, 옵션 거래를 하는 것을 지칭합니다. 개별 거래로 이루어지지 않고 선도, 스왑, 옵션을 뒤섞는 경우 스트럭쳐링 혹은 구조화 상품이라고 하고, 기초 자산을 섞는 경우도 있는데, 이는 하이브리드 상품이라고 합니다. 따라서 파생 상품 가격 결정의 기초는 선도, 스왑, 옵션 가격 결정 이론을 알아보는 것이 될 것입니다.

선도와 스왑의 가격 결정 이론

선도와 스왑의 가격 결정 이론은 비교적 단순합니다. 선도 거래는 어떤 거래가 이루어진다는 점에서는 현물 거래와 동일하지만 시점이 현재가 아니라 미래라는 차이점이 있습니다. 스왑은 현재와 미래, 혹은 미래와 미래 시점에서 동시에 반대 방향으로 거래가 이루어지거나, 일련의 선도 거래를 반복하는 형태로 주로 이루어집니다. 결국 스왑 거래는 현물 거래와 선도 거래, 혹은 다수의 선도 거래가 동시에 발생하는 계약이라고 이해해도 됩니다. 따라서 스왑 거래의 경우에도 개별 현금 흐름(cash flow)을 나누어 생각해 보면, 각각의 현금 흐름은 개별적인 선도 거래와 같다고 볼 수 있고 가격 결정 방법론 또한 같아야 할 것입니다. 선도 거래의 가격 결정 이론이 결국 선도와 스왑 거래 가격 결정 이론의 근간이 된다는 이야기입니다.

선도 거래 가격 결정 이론

선도 거래는 앞에서도 언급한 바와 같이 결국 현물 거래를 미래 시점에서 하는 것에 불과합니다. 따라서 TVM(Time Value of Money) 및 이를 확장한 보유 비용(cost of carry)로써 대부분 가격 결정(pricing)이 가능합니다. '보유 비용 = 차입 비용 - 자산 수익'이고 이를 차입 이자와 수익률을 연속 복리로 가정하고 공식으로 정리해 보면

$$F = S \times \exp rt / \exp ut = S \times \exp (r\text{-}u)t$$

F : 선도 가격, S : 현물 가격, r : 차입 금리 , u : S 자산의 수익률, t : 기간(년)

위에서 보듯이 선도 가격은 현물 가격에 차입 금리로 연속 복리한 값을 다시 자산 수익률의 연속 복리 값으로 나눈 것입니다. 스왑은 각각 쪼개진 현금 흐름의 미래 가치를 현재 가치로 전환해 줘서 합성한 것입니다. 물론 옵션이 내재된 스왑의 경우는 매우 복잡한 형태를 가질 수 있지만 이는 결국 옵션 가격 결정에서 다루어야 할 문제이기 때문에 정형화된 스왑으로 국한한다면, 스왑 가격 결정 이

론은 선도 거래 가격 결정 이론과 동일하게 되는 것입니다.

다음은 옵션의 가격 결정 이론에 대해 좀 더 자세히 알아봅니다.

TIP

연속 복리와 일 복리의 차이　위의 선도 가격 결정 공식에서 연속 복리를 사용했다. 사실 연속 복리는 이론적으로만 존재하는 것으로 실제 금융 환경에서는 일 복리가 가장 짧은 복리 기간일 것이다. 그렇다면 금융공학에서 일 복리를 사용하지 않고 연속 복리를 사용하는 이유는 무엇일까? 예를 들어보자. 100만 원을 5%의 이자율로 연속 복리할 경우와 일 복리할 경우 1년 후의 미래 가치는

연속 복리 = 100만 원 X exp 0.05 X 1 = 1,051,271

일 복리　= 100만 원 X (1+0.05/365)^365 = 1,051,267

로 4원 정도밖에 오차가 없다. 즉 연속 복리와 일 복리는 결과값에 큰 차이가 없다.

금융공학을 이용한 가격 산출시 매우 복잡한 계산식이 쓰이는데, 이때 일 복리보다 연속 복리를 사용하면 대수학(algebra)적으로 매우 편리하기 때문에 이론적인 세상에서만 존재하는 연속 복리를 일 복리 대신 사용하는 것이다.

49 Chapter

파생 상품의
가격 결정: 옵션 Ⅰ

일반적으로 지칭하는 옵션과 금융 옵션의 차이

앞에서 알아본 TVM이나 이를 확장한 보유 비용 모델은 사실 재무 관리나 투자론 등에서 접하게 되는 내용으로 공학이라고 불리기 어려운, 중등 수학에 불과합니다. 그렇다면 왜 파생 금융 상품의 가격 결정이 어렵고, 급기야 금융공학이라고 불리게 됐을까요? 이는 옵션의 가격 결정 때문입니다. 우리는 일상생활에서 흔히들 옵션 거래를 많이 하게 됩니다. 가깝게는 스톡 옵션부터 시작해서, 야구 선수들은 수많은 옵션 계약을 맺기도 합니다. 예를 들어 100안타에 3할 이상시 연봉 20% 추가 지급과 같은 사례가 있을 수 있습니다. 그렇다면 이 옵션과 금융공학에서 말하는 옵션이 다를까요? 옵션이 특정 권리를 사고파는 것이라고 정의되므로 같다고 봐야 할 것입니다. 그런데 위의 옵션과 파생 상품에서 말하는 옵션과의 차이점은 무엇일까요?

옵션은 권리를 사고파는 거래이므로 사는 사람은 파는 사람에게 그에 대한 대가를 지불해야 하고 이를 옵션 프리미엄이라 합니다. 일상 생활에서 접하는 옵션과 파생 상품의 옵션의 가장 큰 차이점은 이 프리미엄의 결정 방법이라고 할 수 있습니다. 다시 말해서 일상 생활에서 말하는 옵션이란 당사자 간의 합의에 의해서 주관적으로 프리미엄이 결정된 것이라고 할 수 있는데 반해, 금융 상품으로써의 옵션은 모든 사람들이 객관적으로 인정하고 합의하는 가격이 도출된 옵션이라고 할 수 있습니다.

옵션의 가치와 공정 가격

그렇다면 모든 사람이 합의한 가격이란 무엇일까요? 합리적이고 계량적으로 측정된 가격, 즉 공정 가격(fair price)일 것입니다. 옵션의 공정 가격을 산출하기 위해서 달나라에 로켓을 쏘아 올리는 데 쓰이는 최첨단 공학까지 동원하고 이를 금융공학이라 하는 것입니다.

앞의 선도 가격 결정 이론에서 많은 내용을 기술했지만, 간단히 요약하면 '선도와 스왑은 현물 가격의 현재 가치를 미래 가치로 환산한 것에 불과하다'는 것이 핵심이라 할 수 있습니다. 즉 선도 거래든, 스왑 거래든 현재 시점에서 가격이 결정되고 이의 미래 가치는 현재 시점의 현물 가치와 동일할 것입니다. 따라서 모든 가격의 불확실성은 현재 시점의 가격에 의존하므로 제거될 수 있을 것입니다.

반면 옵션 거래의 경우는 성격이 매우 다릅니다. 옵션은 미래 시점에 내가 가진 권리의 가격이라고 할 수 있습니다. 미래 시점의 가격을 모르는 상태에서 미래 시점의 가치를 예측해서 이를 현재 시점의 권리 가치, 즉 프리미엄으로 환산한다는 것은 정말 힘든 일이 될 것입니다. 아시다시피 미래는 절대 예측할 수가 없습니다. 누군가 만약 5분 후의 주가를 100% 예측할 수 있다고 가정한다면, 그 사람은 반복되는 주식이나, 주가 지수 선물 혹은 옵션 거래 등을 통해서 큰 부자가 될 수 있을 것입니다. 수많은 경제학자나 금융공학자들이 주가 혹은 금융 상품을 예측하는 모델을 만들어 왔지만 자신이 개발한 예측 모델을 통해서 큰 부자가 되었다는 사례는 많지 않습니다. 소수 성공 사례의 경우에도 모델 자체에 전적으로 의존했다기보다는, 투자 타이밍이나 자기 확신에 더 많은 영향을 받은 것으로 보입니다.

옵션의 가치 산정을 위한 모델

그렇다면 옵션의 가격 결정을 하기 위한 주가, 금리, 환율의 예측 모델이란 것은 무엇을 뜻하는 것일까요? 실제로 그 자산의 미래 가격을 예측하기 위한 것일까요? 예측이라기보다는 어떤 가정이라고 표현하는 것이 더 나을 것입니다. 즉 '현재 시점의 가격이 얼마고 주변 조건이 일정 조건하라고 가정한다면 모든 사람이 인정하는 금융 모델을 사용했을 때 미래의 가격은 이렇게 산출할 수 있다'라는 표현이 더 정확하지 않을까요? 더군다나 그 가정이란 것은 100% 장담할 수 없기 때문에 어떤 확률적인 의미를 내포하고 있을 것입니다.

지금까지의 이야기를 간단히 종합해 본다면 옵션 가격 결정 이론은 '현재 자산 가치를 기초로 시장 참여자가 합의할 수 있는 객관적인 확률적 가정이 내포된 모델을 사용해서 옵션 프리미엄을 산출하는 것'이라고 정의할 수 있습니다. 따라서 확률, 가정, 모델이 의미하는 바를 각각 알아본다면 옵션 가격 결정에 대해서 한 걸음 더 나아갈 수 있을 것입니다.

옵션의 가치와 확률

확률이란 말은 어떤 사건이 발생할 가능성일 것이고, 금융공학에서의 의미는 확률 과정(stochastic processes)을 이용해서 특정 자산 가격이 미래 시점에 어떠한 가격을 형성할지를 통계학적으로 분석하는 것을 말합니다. 다음으로, 통계적으로 확률 과정을 추론하자면 어떤 가정이 필요할 것입니다. 옵션의 가격 결정에서 많이 사용되는 확률적 가정을 마팅게일(martingale) 이론이라고 합니다. 마팅게일 모형의 사전적 의미는 개별 자산의 가격 형성 과정을 현재의 정보에 기초한 미래 기대 가격이 현재의 가격과 같다고 가정하는 것인데, 이는 기대 수익률이 0이 됨을 의미합니다. 앞서 선도 이론으로부터 어떤 자산의 미래 가치는 쉽게 결정할 수 있습니다.

옵션에서는 이 미래 가치가 확률적으로 분포하게 되는데, 마팅게일 모형은 이 확률 분포가 어떤 분포를 가지고 있는지에 관계없이 각 분포의 확률과 기대값을 곱한 기대 수익률은 0이 된다는 뜻입니다. 선도나 스왑에서도 각각의 미래 가치가 전적으로 현재 가치로부터 계산되기 때문에 역시 미래의 기대 수익률은 0일 것입니다. 선도나 스왑은 현재 시점의 가격으로부터 산출된 선도 가격으로 미래 시점에 100% 거래가 이루어지기 때문에, 거래 쌍방의 유불리가 없이 미래 기대 수익률이 0인 것이 당연합니다. 하지만 옵션의 경우 미래의 확률에 배팅을 하는 것인데, 이 역시 기초 자산의 미래 기대 수익률이 0이란 것이 선뜻 이해가 가지 않을 것입니다. 미래 기대 수익률이 0인데, 그 자산을 기초로 한 옵션 거래를 왜 하는 것일까요? 기대 수익률은 0이지만 각각 발생하는 확률 분포와 기대값으로부터 옵션의 가치는 의미가 있게 되기 때문입니다. 옵션은 유리할 경우에는 권리를 행사하고 불리할 경우에는 권리를 포기하면 됩니다. 따라서 미래의 기대 수익률이 0이라 할지라도 확률 분포상 유리한 구간과 불리한 구간이 있을 텐데, 불리한 구간은 권리를 가진 자가 행사를 하지 않음으로써 제거되는 것이므로 옵션의 가치는 당연히 존재하게 되는 것입니다.

50 Chapter

파생 상품의
가격 결정: 옵션 II

기대 수익률과 위험 중립 세계

앞서 선도, 스왑, 옵션 모두 공정 가격은 미래 시점에서 기대 수익률이 0이라고 하였습니다. 하지만 실제 상황에서 미래의 기대 수익률이 0이 되는 세상은 현실 세계에서 존재하지 않습니다. 현재 시점으로부터 단 1초만 경과하였다 하더라도 가격 등 시장 리스크에는 분명 변화가 있을 것입니다. 따라서 몇 주, 몇 달, 혹은 몇 년 후의 미래 기대 수익률이 0이 되는 세상을 만들려면 현실 세상에서부터 벗어나서 리스크가 없는 공간으로 이동해야 합니다. 이를 위험 중립 세계(risk neutral world)라 합니다. 이는 금융공학의 세계에만 존재하는 가상의 세계로 모든 미래 가치는 위험 중립 세계로 이동해서 산출된 다음 다시 현실 세계로 돌아오게 됩니다.

옵션의 가치와 모델

다음으로 확률, 가정, 모델 중 모델에 대해서 알아봅니다. 앞서 기대 수익률은 0이지만 확률 분포상 유리한 구간으로부터 옵션의 가치가 발생한다고 했습니다. 그렇다면 그 가치가 얼마일지는 확률의 분포가 어떠한 형태를 띠고 있느냐에 달려 있을 것입니다.

이 확률 분포를 모델링하기 위해 수많은 고민과 시도가 이어졌습니다. 금융 자산의 가격이 쉽게 예측하기 어려운 우발성을 가지고 있다고 한다면 이는 랜덤하게 움직인다고 생각할 수 있습니다. 효율적 시장 가설에서도 미래에 발생하는 정보는 과거의 정보와 독립적이면서 랜덤한 것이 되어 미래의 주가 예측은 불가능한 시장이라고 정의합니다. 그렇다면 어떻게 랜덤하게 움직이는지에 대한 고찰이 필요합니다.

브라운 운동과 블랙-숄즈 모형

이때 등장하는 것이 기하학적 브라운 운동(Geometric Brownian Motion: GBM)입니다. 우리가 중·고등학교 물리 시간에 배웠던 브라운 운동과 동일한 것입니다. 브라운 운동은 스코틀랜드의 식물학자로버트 브라운이 물 위에 띄운 꽃가루 입자를 현미경으로 관찰하던 중 입자가 불규칙하게 지그재그 형태로 돌아다닌다는 것을 발견했습니다.

처음에 브라운은 이 원인이 꽃가루가 생명체이기 때문이라고 생각하였으나, 나중에 담뱃재 입자도 동일한 패턴으로 움직이는 것을 발견했습니다. 결국 물 분자와의 충돌 때문이라고 결론을 내렸으나, 수리적으로 분석하지는 못했습니다. 이를 나중에 아인슈타인이 입자들이 움직이는 평균 거리는 시간의 제곱근에 정비례한다고 증명합니다. 이 개념을 이른바 랜덤 워크(random walk)라 합니다. 아인슈타인은 더 나아가 입자의 운동을 추정할 수 있는 통계적 방법을 만들었는데, 이를 브라운 운동이라 합니다.

또한 프랑스의 루이 바실리에(Louis Bachelier)라는 학자는 그의 박사 학위 논문 〈투기 이론Théorie de la spéculation〉에서 금융 시장의 가격 변동을 브라운 운동으로 모형화하는 시도를 합니다. 이 논문에서 바실리에는 "주식의 가격이 시장에 관한 모든 합리적 정보와 예측을 반영한다면 장래의 가격 변화는 불가능할 수밖에 없어서 주식의 가격이 브라운 운동의 랜덤 워크를 따른다"고 주장합니다.

하지만 당시에는 이 논문이 주목받지 못하다가 1950년대 중반 미국의 유명한 경제학자 폴 새뮤얼슨(Paul Samuelson)에 의해 재발견됩니다. 새뮤얼슨은 바실리에의 아이디어를 대부분 받아들였지만, 주식의 가격이 0 이하로 갈 수도 있는 바실리에 모형의 단점을 보완하기 위해 모델을 일부 수정합니다. 즉 주가에 로그 함수를 취한 값이 랜덤 워크를 따른다고 가정하고 이를 기하학적 브라운 운동이라 한 것입니다. 이후 일본 수학자 이토 키요시의 이토 보조 정리(Ito's Lemma) 등을 통하여 확률 미적분학(stochastic calculus)으로 더욱 발전합니다.

최종적으로 이는 그 유명한 블랙과 숄즈가 옵션의 가격 결정을 구하는 데 사용되며, 이토 정리에 의해서 확률 미적분학으로 재탄생된 GBM 모델 덕에 블랙-숄즈의 공식은 확정된 형태의 방정식(closed form)으로 구할 수 있게 된 것입니다.

블랙—숄즈 이외의 옵션 모델

지금까지 블랙-숄즈 옵션 가격 결정 모델을 설명하기 위해서 여러 가지 힘든 설명을 거쳐 왔습니다. 하지만 지금까지의 이 모든 과정은 확률적 과정과 모델에 불과하다는 점을 다시 인식해야 하겠습니다. 즉 모든 사람들이 객관적이라고 판단하고, 주식 혹은 환율의 움직임에 대한 예측 모델로 적합하다고 인정하고 받아들이는 것에 불과한 것이지, 이 자체가 어떤 진리는 아니라는 점입니다. 실제로 브라운 운동을 모태로 한 블랙-숄즈 방정식은 주식이나 환율의 움직임을 모델링하고 이에 따른 옵션 가격을 산정하는 데에는 유용하지만 이자율 변화에 대해서는 올바른 설명을 해주지 못하고 있습니다. 따라서 이자율 옵션에는 블랙-숄즈 방정식이 별로 쓰이지 않습니다.

마찬가지로 주식, 환율을 기초 자산으로 하는 옵션의 경우에도 이른바 플레인 바닐라 옵션(plain vanilla option)의 경우에는 잘 설명이 되지만, 이색 옵션(exotic option)의 경우는 그 가격의 움직임이 다르기 때문에 또 적용하기가 힘들게 됩니다. 따라서 실제 금융공학에서 옵션의 가격을 산출하기 위해 블랙-숄즈 방정식 외에도 이항 모델, 유한 차분법(finite difference method), 몬테카를로 시뮬레이션(Monte-Carlo simulation) 등 정확하고 효율적으로 옵션의 가격을 산출하기 위한 다양한 노력이 이어지고 있습니다. 또한 이는 현재에도 진행형입니다. 몇 년 후에 블랙-숄즈 방정식을 훨씬 능가하는 새로운 모델이 발견된다면 모든 옵션 가격 결정 모델은 그것으로 바뀌게 될 것입니다.

옵션 가격 결정 모델과 투자자

다양한 목적으로 옵션에 투자하는 개인, 기업에 종사하는 여러 투자자들이 옵션의 가격 결정 이론을 자세히 공부할 필요는 없습니다. 하지만 옵션의 가격 결정이 위와 같은 과정을 거쳐서 발전해 왔고, 옵션 가격 결정 모델이 미래의 자산 가격에 대한 예측에 어떠한 해답을 주지 못한다는 사실을 명심하는 것은 매우 중요할 것입니다. 어차피 금융공학은 어떤 금융 상품의 공정 가격을 산출하기 위한 도구에 불과합니다. 그리고 공정 가격은 현재 시점 기준으로 가치를 산정했을 때 모든 거래 당사자에게 유불리가 없어야 하는 것입니다. (위에서 말씀 드린 옵션 기초 자산의 미래 가치에 대한 기대 수익률은 0이어야 한다는 점을 다시 생각해 보길 바랍니다.) 유리하지도 불리하지도 않는 게임을 위해서 금융공학자들은 오늘도 공정 가격을 산출하기 위해 끊임없이 노력하고 있습니다. 하지만 금융 상품에 대한 투자 수익은 투자자 자신의 미래의 자산 가격에 대한 전망과, 미래 시점에서 현재와 달라진 자산 가격에 달려 있습니다. 따라서 투자가 성공하느냐 실패하느냐는 투자자 자신의 전망을 바탕으로 올바른 매매 기법과 투자 타이밍으로 실제 어떠한 투자를 했느냐에 달려있지 금융공학에 그 해답이 있지 않습니다. 다만 금융공학은 투자 상품이 리스크 대비 수익률을 감안했을 때 공정 가격이 얼마인지를 산출하고 이를 근거로 해당 상품이 저평가되어 있는지, 고평가되어 있는지에 대한 해답을 제시할 뿐입니다.

에 필 로 그
E P I L O G U E

우리나라 장외 파생 상품 시장이 본격화된 것은 2000년도 이후로, 그 역사가 길지 않음에도 불구하고 폭넓은 발전을 해왔습니다. 글로벌 금융 위기를 거치면서 침체기를 겪기도 했지만, 우리나라가 세계 경제에서 차지하는 비중과 그에 따른 금융 산업의 발전 속도를 감안할 때, 향후 장외 파생 상품 시장은 확대 발전할 것으로 예상되고 있습니다.

이러한 환경하에서 금융공학센터는 끊임없는 연구와 노력, 전문 인력의 확보, 파생 상품 관련 인프라의 개발 및 확충을 통해 세계적인 글로벌 은행들과 어깨를 나란히 하여 우리나라 파생 상품 시장의 발전과 금융 산업의 선진화에 기여하고자 합니다.

신한은행 금융공학센터장 박부기

참고 문헌

금리

금융투자교육원 엮음 (2010). ≪파생 상품 투자상담사 II : 스왑 기타 파생 상품≫. 한국금융투자협회.

한국산업은행 금융공학실 (2006). ≪알면 신나는 파생 상품 이야기≫. 한국산업은행.

John C. Hull (2008). *Options Futures and Other Derivatives* (7th ed.). Prentice Hall.

Salih N. Neftci (2008). *Principles of Financial Engineering* (2th ed.). Academic Press.

주식

노상규, 강철준, 김문섭 (2009). ≪파생 금융 상품의 이해≫. 한국금융연수원.

한화증권 (2009). <ELS & DLS Biweekly>, Vol(9), 2009. 3.

주요 용어

교토의정서(Kyoto Protocol)
1997년 12월 2008년 ~ 2012년까지 온실 가스 배출을 줄이기로 합의한 의정서.

구조화 예금
구조화된 형태로 이자가 주어지는 예금. 예금이므로 원금 보장 형태가 되고, 보통 개인을 상대로 하는 소매(retail) 상품보다는 금융 기관이나 기업을 상대로 하는 경우가 일반적임.

구조화 채권
채권의 쿠폰이 구조화된 형태로 구성된 채권. 보통 은행채나 회사채에 파생 상품을 엮어, 파생 상품의 손익에 따라 쿠폰이 발생하는 채권을 발행하게 되고, 투자자들은 일반 채권보다 수익률이 높은 구조화 채권에 리스크를 감내할 수 있는 수준 내에서 투자하게 됨.

구조화 펀드
구조화된 형태로 손익이 주어지는 펀드.

금리 선물
금리 선물은 채권 또는 금리를 기초 자산으로 하는 선물 계약을 의미. 선도 금리 계약과 같이 미래 금리나 채권 가격에 대해 현재 시점에서 거래하는 계약을 지칭. 일반적으로 공식적인 거래소 내에서 거래되는 특징을 가지고 있고, 금리 리스크를 헤지하는 방법으로 이용됨.

금리 스왑

금리 스왑은 변동 금리와 고정 금리 혹은 변동 금리와 변동 금리를 교환하는 거래. 미래에 변화하는 변동 금리에 대해 현재 시점에서 동일한 가치를 가지는 고정 금리나 다른 변동 금리를 거래소가 아닌 장외에서 거래하는 특성을 가지기 때문에 일반적으로 신용도가 좋은 은행들이 시장의 주요 참가자임.

금리 옵션

금리 옵션은 채권이나 금리를 기초 자산으로 하는 옵션 거래로 스왑과 다르게 특정 계약 조건에 대한 행사 권리를 사고파는 거래임. 보통 옵션을 매수하는 쪽은 옵션에 대한 프리미엄을 제공하게 되고, 원하는 조건이 성립하지 않는 경우 프리미엄만큼의 손실을 보게 되는 특성을 가짐. 반대로 옵션 매도하는 쪽은 프리미엄만큼의 이득을 얻을 수 있지만, 최악의 경우 무한대 손실도 가능한 리스크를 갖게 되는 특징이 있음.

기준 원유(benchmark crude)

유동성이 풍부하여 기타 원유의 가격에 대비하여 기준으로 사용되는 원유. NYMEX에서 거래되는 WTI유(West Texas Intermediate)나 IPE에서 거래되는 브렌트유(Brent oil) 등이 대표적임.

기초 자산

선물이나 옵션과 같은 파생 상품의 가치를 결정짓는 거래 대상을 의미함. 학문적으로는 모든 종류의 상품, 심지어는 날씨까지 기초 자산이 될 수 있지만, 일반적으로 통화, 금리, 주식, 상품(commodity), 신용(credit) 등이 주로 이용되는 기초 자산임.

네고(NEGO)

Negotiation of Shipping Documents의 줄임말로, 수출 업체가 신용장에 따라 선적을 완료하고 환어음과 선적 서류를 포함한 일체의 서류를 은행에 매각하는 행위를 말함. 즉, 수출 업체가 추후에 받을 자금을 은행이 미리 지급해주는 일종의 대출이라 할 수 있음.

단기 시장 금리

기업이나 금융 기관에서 보통 2~3개월에서 1년 미만으로 자금을 조달하기 위해 제공해야 하는 금리. 우리나라에서 대표적인 단기 금리 시장은 콜 시장, CD 금리 시장, 기업 어음 시장 등이 있음.

델타(Delta)

파생 상품의 민감도를 표현하는 '그릭(Greeks)'의 하나로, 기초 자산의 변동에 대한 파생 상품 가치의 변화를 의미.

듀레이션(duration)

듀레이션이란 채권에서 발생하는 현금 흐름의 가중 평균 만기임. 일반적으로 채권이나 금리 투자시 듀레이션에 대한 언급을 많이 하는 이유는 일종의 민감도 형태로 받아들일 수 있기 때문임. 투자에 있어 일정 부분 민감도를 열어 두고 갈 때, 듀레이션을 정해 놓는 경우가 있음.

레버리지(leverage)

원래 '지렛대'라는 뜻을 가지는데, 차입을 통해 투자 수익률을 극대화하는 투자법을 의미함. 일반적으로 헤지 펀드와 같이 고위험 고수익을 추구하는 경우 많이 이용하는 투자 방법임.

레인지 포워드(RF: Range Forward)

고객이 감내할 수 있는 환율 구간을 설정하는 구조의 합성 옵션.

리베이트(rebate)

상품 판매자가 구매자에게 주는 수익.

마팅게일(Martingale) 이론

확률 과정이 가지는 특성 중 하나로서, 특정 시점 t에서의 정보를 바탕으로 만기 T에서의 기대 값을 구해 보면 결국 t 시점의 가격이라는 이론. 쉽게 얘기해서, 현재 4만 원인 주식이 1년 뒤에 가질 수 있는 값에 대한 기대치는 현재 가격인 4만 원이다. 즉 이상적인 시장에서의 현재 가격은 이미 모든 정보를 반영하고 있다는 의미로 이해할 수 있다.

만기 수익률(YTM: yield to maturity)

만기 수익률은 유통 수익률, 시장 수익률, 내부 수익률과 동일한 개념으로 혼용하여 사용되는데, 채권으로부터 발생되는 현금 흐름의 현재 가치와 시장에서 거래되는 가치를 일치시켜 주는 금리를 의미.

명목 원금

스왑이나 옵션과 같은 파생 거래에 지급액을 계산하는 기준이 되는 계약 원금.

몬테카를로 시뮬레이션(Monte-Carlo simulation)

기초 자산 가격의 움직임을 설명하는 난수를 반복적으로 발생해서 기초 자산의 가격을 찾고, 그것을 이용해서 옵션의 가격을 찾을 수 있는데, 이를 몬테카를로 시뮬레이션이라 함. 예를 들어 주가가 $S(t) = S(t-1) \times x$(x가 표준 정규 분포를 따르는 변수)일 때, 변수 x를 10,000개 발생시켜서 주가를 10,000개 만들고 그때의 옵션 가격을 각각 구해서 그 10,000개를 평균 내는 방식이다.

무이표 채권(Zero-coupon bond)

채권에서 만기 전에 쿠폰은 없고, 만기에 이자를 원금과 함께 지급하거나 원금만 지급하는 채권을 의미. 만기에 원금만 지급하는 채권의 경우 초기 거래시에는 그만큼 할인해서 싼 가격에 거래됨.

미래 가치

미래 가치란 현재의 가치가 미래 어떤 시점에서는 얼마의 가치로 환산될 수 있을 것인가 하는 개념으로, 일반적으로 미래의 가치는 현재의 가치를 이연하기 때문에 큰 값을 가지게 되는 특징이 있음. 미래 가치를 측정하는 데 중요한 연결 고리가 '(미래) 수익률'로 불리는 금리가 됨.

바닐라(vanilla) 상품

거래 조건을 따로 정하지 않아도 시장 관행에 따라 기본적인 거래 조건 및 수익 구조가 이미 정해진 상품으로, 가장 기초적이고 단순한 상품이라 할 수 있음.

바스킷 CDS(Basket CDS)

보통 4~5개의 단일 CDS 계약들을 하나의 포트폴리오로 하여 만들어진 복합 신용 파
생 상품으로, First to Default, Second Default 등 종결 조건에 따라 달라진다는 뜻에
서 Nth to Default CDS라고도 불림.

배럴(Barrel)

원유 또는 석유 제품에 대한 수량 단위. 1 Barrel = 42 Gallon = 159 liter

백 투 백(back-to-back)

금융 거래에 있어 특정 거래를 할 때, 동일한 거래를 반대로 다른 금융 기관과 함으로
시장 리스크 노출을 막고 위험을 전가하는 형태의 거래를 백 투 백(back-to-back)이
라 함. 보통, 복잡한 파생 상품의 경우 국내 금융 기관이 운용할 수 있는 능력이나 조건
이 부족할 때 외국계 금융 기관과 백 투 백 거래를 하는 경우가 있음.

베리어(barrier)

기초 자산에서 미리 정해진 가격, 베리어를 돌파할 경우 옵션의 효력이 발생하거나 없
어진다.

변동성(volitility)

환율, 이자율, 주가 등 기초 자산의 가격이 변화하는 정도를 나타내는 것으로 보통 기초
자산 수익률의 표준 편차나 분산으로 측정한다.

보장매도자(protection seller)

신용 파생 거래에서 손실 금액을 보전해 주기로 약속하고 수수료를 받는 주체로 얼
마를 보전해 주는지 확정이 되지 않았다는 의미에서 Floating Rate Payer라고도 함.

보장매입자(protection buyer)

준거 자산에 대한 보장을 받고 수수료를 지급하는 주체로 고정 수수료를 지급한다는 의
미의 Fixed Rate Payer라고도 함.

볼(vol)
변동성(volitility)의 줄임말로, 실무적으로 변동성이라는 용어를 대신하여 많이 쓰임.

부채 스왑
부채 구조를 변화시키기 위해 거래하는 스왑 형태. 일반적으로, 통화 스왑을 통해 특정 통화로 발생한 부채를 다른 통화의 현금 흐름으로 바꾸기 위해 거래하는 형태의 스왑을 의미하는 경우가 많음.

부채 스왑(liability swap)
보유한 부채의 이자 비용의 변동을 헤지하거나, 또는 조달 코스트(차입 비용) 절감을 위한 스왑 거래를 뜻함.

블랙-숄즈 모형(Black-Scholes model)
옵션의 프리미엄(가격)을 계산하는 공식으로, 실무적으로 가장 널리 사용하는 식임.

상계(netting)
동일 파생 상품의 반대 방향 거래 간 + - 현금 흐름을 상쇄하는 것으로 신용 파생 거래에서는 준거 자산과 만기 등 동일한 조건을 갖는 보장 매도/매입 거래 간의 현금 흐름 상쇄를 뜻함.

상관관계(correlation) [신용 파생]
신용 파생의 구조에서 상관관계라 함은 준거 자산 간의 부도 상관관계를 의미하며, 어떠한 회사의 부도가 다른 회사의 부도에 영향을 미치는 정도를 나타냄(0~1까지 존재).

선도 금리
미래 특정 시점에서 일정 기간 동안 적용되는 수익률을 의미. 선도 금리는 현재 시점에서 알 수 없는 미래 금리로 현물 수익률에 내재되어 있는 값을 추출하여 사용하는 경우가 일반적이고, 금융 시장의 발달로 선도 금리 자체가 시장에서 거래되어 결정되기도 함.

선도 금리 계약(FRA: Forward Rate Agreement)

미래 한 시점에서 일정 기간 동안 적용되는 금리를 매매하는 계약.

손실 금액

신용 파생 상품에서의 손실 금액이라 함은 거래 금액 전체에서 손실이 발생한 채권의 회수율을 제한 금액을 의미.

수수료(fixed rate) [신용 파생]

신용 파생 거래의 수수료는 파생 상품 거래의 프리미엄으로서 보장매입자와 보장매도자가 준거 자산에 대한 보장을 제공/수취하는 대가로 주고받기로 약정하는 고정 금액을 의미함.

스왑 포인트(swap point)

외환 시장에서의 선물 환율을 구하기 위해 현물 환율에 가감하는 가격으로, 양 국가 간의 이자율 차이를 환율로 계산한 값을 말함. * 선물 환율 = 현물 환율 + 스왑 포인트

스텝다운(stepdown)

조기 상환 평가일마다 기초 자산의 조기 상환 평가 가격이 낮아지는 것.

스폿(spot) 환율

일반적으로 현물환으로 불림. 외국환 매매 계약과 동시 또는 2영업일 이내에 받는 외국환을 의미. 고객 거래는 매매 계약과 동시에 인도되는 경우가 많지만, 은행 간 거래에 있어서는 보통 2영업일을 기준으로 거래되는 경우가 많음.

스프레드 옵션

서로 다른 행사 환율을 가진 같은 종류의 옵션을 동시에 사고팔아 설계한 합성 옵션.

시장 조성자(market maker)

시장에 거래를 조성하는 역할을 하는 플레이어를 의미함. 자기 포지션을 가지고 시장에 거래를 조성하기 위해 양호가 bid/offer를 모두 제시할 수 있는 역할을 해야 하며, 일반적으로 은행이나 금융 기관이 담당.

시카고 상업거래소(CME: Chicago Mercantile Exchange)

시카고 상업거래소로 시카고 농산물 거래소에서 유래되었다고 함. 원래 달걀, 버터, 닭과 같은 농산물이 거래되다가 1919년 9월에 선물 거래를 위해 재조직되면서 개명되었고 현재는 유로달러, S&P 500 주가 지수 선물 등이 거래되는 세계 최대의 선물 거래소 중 하나임.

신용 부도 스왑(CDS: Credit Default Swap)

신용 파생 상품의 가장 전형적이고 기본적인 거래 형태로 준거 자산의 신용 사건 발생에 대한 보장을 위해 수수료를 주고받는 거래.

신용 사건(credit event)

파산, 지급 실패, 채무 재조정 등 기업의 채무 이행이 불가능해지는 사건.

신용 스프레드(CDS spread, credit spread)

신용 파생 거래의 수수료로 신용 가산 금리를 뜻하며, 기업이 자금을 빌릴 때, 무위험 이자율에 기업의 신용도에 따라 더해지는 가산 금리를 의미함.

신용 파생 상품(credit derivatives)

준거 자산에 부도 등의 신용 사건이 발생했을 때, 손실 금액을 보전해 주는 대가로 정해진 수수료를 받는 거래.

역조 시장(backwardation)

만기가 길어질수록 forward 가격이 낮아지는 경우 해당 시장 상황을 backwardation이라고 하며, 해당 기초 자산의 편의 수익률이 높아진다. contango의 반대말.

연속 복리

연 복리 개념에서 이자를 계산하는 기간과 주기를 매월로 바꾸면 월 복리, 하루로 바꾸면 일 복리, 매 순간순간으로 생각하면 연속 복리. 즉 연속 복리에서는 이자 계산 기간을 무한히 작은 시간으로, 이자 지급 주기를 무한히 빈번하게 생각해야 하기 때문에 지수 함수 e를 이용해서 계산한다. 1원에 대해서 r의 이자율로 t 기간 동안 연속 복리를 취하면 $\exp(rt)$가 된다.

오버헤지(overhedge)

헤지하고자 하는 기초 자산의 물량보다 더 많은 물량에 대해 헤지한 경우를 말함.

옵션 프리미엄(premium)

한마디로 옵션의 공정 가격이라고 할 수 있으며 행사 가격, 변동성, 만기 등 조건에 따라 계산됨.

유로달러(Eurodollar)

미국 밖의 미국계 은행 또는 외국 은행에 예치된 달러

유한 차분법(finite difference method)

미분 방정식인 블랙–숄즈 방정식을 차분 방정식으로 대체하여 근사해를 구하는 방법. 예를 들어 기초 자산(x) 가격 변화에 대한 옵션의 가격(P) 변화를 표현하는 미분식 dP/dx를 아래와 같은 식으로 근사하여 계산한다. (직관적 의미는 직선 함수에서의 기울기로 이해하면 된다.)

$$\frac{dP}{dx} = \frac{P(x+\varDelta) - P(x)}{(x+\varDelta) - P(x)}$$

이산화탄소(CO_2)

연료를 연소시켰을 때 발생하는 가스로서 지구 온난화의 주범으로 인식되고 있음.

이표채(coupon bond)

가장 일반적인 채권 형태로, 액면가로 채권을 발행하고, 일정 기간마다 액면에 표시된 이율을 지급하는 채권을 뜻함.

이항 모델

옵션 가격을 결정하는 기초 자산 가격이 상승 또는 하락하는 두 가지 경우만을 가정함으로써 블랙–숄즈 모형보다 더 쉽고 직관적으로 옵션 가격을 설명한다.

인도 월(delivery month)

선물이 만기가 되어 실물로 인도가 되는 달. 계약 월이라고도 함.

인핸스드 포워드(EF: Enhanced Forward)

무제한 이익을 포기하고 행사 가격을 유리하게 하는 구조의 합성 옵션.

일반 투자자

투자자 중 전문 투자자를 제외한 모든 투자자를 일컬음.

자본시장법

2009년 2월 4일 발효된 자본시장과 금융투자업에 관한 법률의 줄임말로서 금융 투자업 상호 간 겸영 허용, 포괄주의 규제로 전환, 투자자 보호 확대, 증권사에 대한 지급 결제 업무 허용 등을 주요 내용으로 하는 법률.

자산 스왑(asset swap)

보유한 자산으로부터 나오는 수익률의 변동을 헤지하거나, 운용 수익률을 높이기 위한 스왑 거래를 일컬음. 투자자가 가진 자산에 대한 수익률을 높이거나 환율 리스크를 막기 위해 거래하는 스왑 형태. 일반적으로, 통화 스왑에서 자산 스왑이 많이 언급됨.

자원 개발 기업(E & P)

석유, 천연 가스 등 지하 자원을 탐사 및 생산하는 기업.

장내 거래

표준화된 조건하에 거래소 내에서 거래되는 것을 말함.

장외 거래

거래소 없이 1:1 딜러 간에 메신저나 유선상으로 보통 거래가 되며, 표준화된 거래 조건이 아닌 거래하는 자의 조건에 맞추어(customized) 거래.

장외 시장

공인된 거래소 밖에서 거래되는 시장을 의미하며, 주로 장외 파생 거래에 이용. 장내 거래와 달리 상대방에 대한 리스크가 존재하기 때문에 신용도가 높은 은행 간 거래가 일반적이고, 중간에 거래를 연결해주는 브로커가 있는 것이 특징임.

전문 투자자

전문성 구비 여부, 소유 자산 규모 등을 감안해서 투자에 따른 위험 감수 능력이 있는 자로서 은행, 증권사 등 금융 기관으로 자본시장법상 규정되어 있음.

정상 시장(contango)

만기가 길어질수록 forward 가격이 높아지는 경우 해당 시장 상황을 contango라고 말함.

준거 기업(reference entity)

신용 파생 거래에서 준거 자산의 채무자가 되는 기업.

준거 자산(reference asset)

신용 파생 거래의 보장 대상이 되는 채무로 보장매입자가 위험을 제거하고자 하는 자산.

중개 기관(broker)

장외 파생은 거래소를 통한 장내 거래가 아닌 장외에서 거래됨. 따라서 거래시 중간에서 중개 기관이 거래를 연결시켜 주는 경우가 일반적. 중개 기관은 거래를 통한 수수료 마진을 추구하게 되고, 거래를 중간에서 연결하는 역할에 국한됨.

지급 보증

특정 채무에 대해 채무자를 대신해 제3자가 채무의 이행을 보장한다는 약속으로, 신용 부도 스왑 거래와 성격은 비슷하지만 만기 이전에 다른 거래 상대방에게 다시 거래를 이전할 수 있는 신용 부도 스왑과는 달리 지급 보증은 만기까지 그 효력이 유지되는 보증 계약임.

지급 실패(failure to pay)

채무를 지급해야 하는 시점에 지급해야 할 액수를 지급하지 못하는 경우로, 원금 및 이자 등의 납입에 실패하는 경우를 뜻함.

차익 거래(arbitrage)

상대적으로 저평가된 것을 사고 고평가된 것을 팔아서 무위험으로 이익을 취하는 거래. 위험을 지지 않고 수익을 얻을 수 있는 거래로 일반적으로는 효율적 시장에서 발생할 수 없는 상황이지만, 실제 금융 시장에서 가격의 왜곡으로 인해 차익 거래의 상황이 단기간 발생할 수 있음. 주로 헤지 펀드들이 계량적인 도구를 사용하여 투자 기회를 포착함.

채무 재조정(restructuring)

채권자와 채무자 사이에 원금, 이자, 지급 시기 등이 재조정되는 경우.

청산 절차(settlement)

결제라고도 하며, 현금 결제(cash settlement)와 현물 결제(physical settlement)의 두 가지 방식이 있음.

총 수익 스왑(TRS: Total Return Swap)

증권 등 특정 투자 대상에서 발생하는 총 수익(이자 수익 + 원금 변동)을 교환하기로 약정하는 스왑 거래.

콜 옵션(Call Option)

일정 물량의 통화(USD, JPY, EUR 등)나 주식, 채권 등의 기초 자산을 미래 특정 시점에 특정 가격(통화의 경우 환율)으로 사는 권리를 담은 옵션.

콜러블 노트(callable note)

발행자가 만기 이전에 쿠폰 지급일에 조기 상환할 수 있는 권리를 가진 채권. 발행자가 만기 전에 조기 상환이 가능하기 때문에 일종의 옵션을 가지고 있다고 생각할 수 있음. 따라서 일반 채권보다 높은 이자를 지급해야 하는 경우가 일반적임.

크래킹, 열분해(cracking)
중질인 석유를 분해하여 경질인 석유 제품을 제조하는 석유 분해법.

키코(KIKO) 옵션
낙아웃(KO)과 낙인(KI) 조건이 있는 통화 옵션.

타깃 포워드(target forwrard)
옵션 구간 중 헤지 이익이 발생하는 구간의 명목 금액을 손실이 발생하는 구간의 명목 금액의 1/2로 하면서 손실의 보는 구간의 물량을 이익을 보는 구간의 물량보다 더 많게 하는 대신, 유리한 행사 환율을 달성하는 옵션.

탄소배출권
1997년 교토의정서에 의해 2012년까지 이산화탄소와 같은 온실가스 감축을 위해 선진국 중심으로 저감 목표를 설정하고 저감 실적을 거래하기로 하였으며, 탄소배출권은 공식 기관으로부터 탄소 배출 저감을 실적으로 인정받은 것임.

통안 증권
통화 안정 증권을 줄여서 부르는 말로, 통안 증권은 한국은행이 시중 통화량을 조절할 목적으로 발행하는 특별 유통 증권으로서 매매 조작을 통하여 통화 공급을 조정하게 됨. 한국은행은 통화 공급의 수축이 필요하다고 인정될 때에 통화 안정 증권법이 정하는 바에 따라 통화 안정 증권을 발행할 수 있으며 통화 공급의 증가가 필요한 때에는 이를 환매하거나, 만기 전에 상환할 수 있음.

통화 선도
일정 물량의 통화(USD, JPY, EUR 등)를 미래 특정 시점에 특정 환율로 사거나 파는 계약.

통화 스왑
서로 다른 두가지 통화(USD, JPY, EUR 등)를 약정된 환율과 금리에 따라 미래 특정 시점까지 교환하는 거래.

통화 스왑 금리(CRS rate)

원 달러 통화 스왑 시장에서 통화 스왑 금리란, 6개월 USD LIBOR 금리를 수취(지급)하는 대신 지급(수취)하는 KRW 고정 금리를 말함.

통화 옵션

일정 물량의 통화(USD, JPY, EUR 등)를 미래 특정 시점에 특정 환율로 사거나 파는 권리를 거래하는 계약.

투자 계정

장기 보유 목적 혹은 단기간에 처분할 의도가 없는 자산의 운용을 위한 계정.

트레이딩 계정

단기 매매 계정으로 투자 계정의 반대 개념.

특정 금전 신탁

고객이 운용 자산을 지정하여 운용하는 단독 운용 신탁 상품.

파산(bankruptcy)

기업이 파산, 청산, 화의, 회사 정리 절차 등에 들어가는 경우를 의미.

파생 상품

주식과 채권 같은 전통적인 금융 상품을 기초 자산으로 하여 새로운 현금 흐름을 가져다주는 상품.

편의 수익(convenience yield)

상품 실물을 보유함으로써 재고를 즉각적으로 사용할 수 있는 등 실물 소유자에게 귀속되는 편익.

풋 옵션

일정 물량의 통화(USD, JPY, EUR 등)나 주식, 채권 등의 기초 자산을 미래 특정 시점에 특정 가격(통화의 경우 환율)으로 파는 권리를 담은 옵션.

합성 CDO(Synthetic Collateralized Debt Obligation)

보통 100여 개의 CDS들을 하나의 포트폴리오로 구성한 특수 목적 회사가 부도 위험을 계층화하여 발행하는 채권 형태의 신용 파생 상품.

합성(structured) 상품

기본적인 상품에서 벗어나 다양한 니즈를 충족하기 위해 만들어진 상품.

헤지(hedge)

보유하고 있는 기초 자산의 가격 또는 기초 자산으로부터 나오는 수익의 변동 위험을 제거하기 위한 거래.

헤지 프로그램

상품 판매시 판매자에게 남는 시장 위험을 제거하기 위해 만든 프로그램.

현금 결제(cash settlement) [신용 파생]

만기 이전 준거 자산에 신용 사건이 발생할 경우, 거래 당사자들은 신용 파생 상품을 조기 청산하게 되는데, 이때, 보장매도자가 매입자에게 원금에서 부실 채권의 회수가액을 제외한 나머지를 결제해 주는 방식을 현금 결제 방식이라고 함.

현물 가격(spot price)

현물 시장에서 형성된 가격.

현물 결제(physical settlement) [신용 파생]

만기 이전 준거 자산에 신용 사건이 발생할 경우, 거래 당사자들은 신용 파생 상품을 조기 청산하게 되는데, 이때, 보장매도자가 매입자에게 원금에 해당하는 금액을 지급하고 보장매입자는 보장매도자에게 준거 자산을 전달하는 방식을 현물 결제 방식이라고 함.

현물 금리

현물 금리란 일반적으로 채권의 가치를 수익률로 표현할 때 이용됨. 보통 현재부터 n년 동안 투자해서 얻을 수 있는 수익률을 의미함.

현물 시장(spot market)
현물의 인도와 대금의 지급이 즉시 일어나는 시장.

현재 가치
현재 가치란 미래 특정 시점의 가치나 미래에 발생하는 현금 흐름을 할인해서 현재는 얼마의 가치로 환산될 수 있을 것인가 하는 개념으로, 미래 가치와 대비되는 개념임.

확률 과정
사전적 의미는 확률 변수의 시계열 집합을 말한다. 옵션 프라이싱에서는, 기초 자산(확률 변수)의 움직임에 따라 결정되는 옵션의 가격들을 현재부터 만기 시점까지 모아 놓은 것으로 이해하면 된다.

확률 미적분학
일반 함수(예를 들면 y = 2x)에 대한 미적분과 달리 확률 과정에 대한 미적분을 다루는 수학의 한 분야.

후순위 비율(subordination)
합성 CDO에서 각각의 Tranche들은 후순위 비율이라는 신용 보강 수단을 갖게 되는데, 상위 등급 채권은 하위 등급 채권이 손실을 흡수하는 동안 손실을 견딜 수 있게 됨.

BBL
barrel의 줄임말.

bid-offer spread(금리 스왑)
시장 조성자가 시장 거래를 조성하기 위해 호가를 낼 때, 시장에 대한 유동성 제공의 대가로 bid-offer에 대한 스프레드를 벌려서 가격을 제시하고 이를 통해 이익을 추구함. 금리 스왑 시장에서 bid는 보통 고정 금리 pay를 의미하고, offer는 고정 금리 receive를 의미함. 따라서 시장 조성자가 bid/offer를 제시할 때는 bid는 높은 금리를, offer는 낮은 금리를 제시해서 상대방이 거래하고자 할 때 자신은 거래에 대한 유동성을 제공하는 대신 bid-offer 스프레드를 통한 이익을 창출함.

cash CDO
Collateralized Debt Obligation(부채 담보부 증권, CDO)의 한 종류로서 준거 자산이 CDS인 경우를 합성 CDO라고 하며, 준거 자산이 ABS나 채권 등의 실물 자산으로 구성된 경우를 Cash CDO라고 함.

CCP(Centralized Clearing Party)
금융 위기 이후, 장외 파생 시장에서는 중앙 집중식 청산소의 설치를 통해 거래 상대방 간의 채무 불이행 위험(거래 상대방 리스크)를 줄이고자 하는 움직임이 나타나고 있고, 현재 그러한 업무를 담당할 CCP라는 기관의 설립을 추진 중임. (거래소와 유사한 개념)

CD 금리(Certificate of Deposit)
양도성 예금 증서를 뜻하며, 은행의 정기 예금에 양도성을 부여한 특성이 있음. 통장에 이름을 쓰지 않는 무기명이고 양도가 자유로워 유동성이 큰 상품으로 CD 금리는 단기 금리의 기준 금리로써의 역할을 하며, 보통 3개월 CD 금리가 지표로 사용됨.

CSA(Credit Support Annex)
장외 파생 거래를 위해 금융 기관 간 체결하는 ISDA 기본 계약서의 부속 담보 계약으로 금융 기관들은 CSA에 정해진 방식에 따라 서로 간에 주고받을 담보의 양을 정함.

DLS(Derivatives Linked Securities)
'파생 상품 연계 증권'이라 불리며, 주가 연계 증권과는 조금 다르게 금리, 상품 등을 기초로 하는 파생 상품과 연계되어 수익이 결정되는 유가 증권.

ELD(Equity Linked Deposit)
기초 자산이 개별 종목의 주가나 주가 지수에 연동하여 만기 수익률이 결정되는 예금으로서 상품 기획의 주체가 은행임.

ELF(Equity Linked Funds)

기초 자산이 개별 종목의 주가나 주가 지수에 연동하여 만기 수익률이 결정되는 펀드로서 상품 기획의 주체가 자산 운용사임.

ELS(Equity Linked Securities)

기초 자산이 개별 종목의 주가나 주가 지수에 연동하여 만기 수익률이 결정되는 유가 증권으로서 상품 기획의 주체가 증권사임. 주가 연계 증권이라 불리며 특정 주가나 주가 지수에 연계되어 수익이 결정되는 유가 증권을 뜻함. 보통 증권사에서 발행하게 되는데, 점점 손익 구조가 복잡한 형태의 ELS 상품이 많이 발행되고 있음.

First to Default CDS

포트폴리오 중 하나의 준거 자산에 부도가 발생하더라도 상품 전체가 종료되는 바스킷 CDS(Basket CDS).

IMM 지수 방식

'가격 = 100 − 이자율'로 계산되는 방식으로, 수익률과 채권 가격이 반대인 일반적인 금리 상품과 달리 직관적으로 상품 가격을 받아들일 수 있는 특성이 있음. 보통 유로달러 선물의 가격 기준으로 이용됨.

ISDA(International Swaps and Derivatives Association)

국제 파생 상품 협회로서 장외 파생 상품에 대한 국제 표준 계약서 및 시장의 제도와 규제 등에 관여함.

Knock-In

옵션의 기초 자산 가격이 미리 설정된 배리어에 도달했을 경우 옵션의 효력이 발생하는 것.

Knock-Out

옵션의 기초 자산 가격이 미리 설정된 배리어에 도달했을 경우 옵션의 효력이 없어지는 것.

knock out call with rebate

배리어에 도달시 콜 옵션은 소멸하지만, 상품 발행자가 구매자에게 정해진 수익을 지급하는 상품.

LIBOR 금리(London inter-bank offered rates)

런던 은행 간 단기 자금 거래에 적용되는 단기 금리. LIBOR 금리는 세계 각국의 국제 간 금융 거래의 기준 금리로 많이 활용되는데, 신용도가 낮을 경우 LIBOR + spread 형태로 가산 금리를 붙여서 거래하게 됨. 일반적으로 3개월, 6개월 LIBOR 금리를 지표로 사용.

non-call

콜러블 노트(callable note)나 스왑(swap)의 경우, 계약 후 일정 기간 동안은 콜(call)을 할 수 없는데, 이러한 기간을 non-call period라고 함.

paper market

계약이 만기된 이후 실물로 인도하는 것이 아니라 현금으로 정산하는 시장.

Second to Default CDS

포트폴리오 중 두 번째 준거 자산에 부도가 발생할 경우, 상품이 종료되는 바스킷 CDS(Basket CDS).

T-bond

만기 15년 이상이며 15년 이내에는 중도 상환을 할 수 없는 미국 국채.

tranche

ABS, CDO 등 자산 유동화 증권을 발행할 때, 부도 위험 정도에 따라 증권을 AAA~Equity 등급 증권으로 쪼개어 팔게 되는데, 이러한 증권 분할 기술을 의미함.

worst performer

두 개 또는 두 개 이상의 기초 자산 중 수익률이 가장 낮은 종목.

WTI 선물

미서부 텍사스산 중질유로 세계 유가 변동의 기준이 되는 지수 중 하나.

신한은행 **금융공학센터**

신한은행 금융공학센터는 환율, 주가, 금리, 신용, 상품 등 다양한 기초 자산 및 파생 상품의 트레이딩을 담당하고, 선진 금융 기법을 이용해 다양한 금융 상품 및 서비스를 개발하여 고객에게 헤지 및 투자 상품을 제공하는 역할을 담당하는 환율 및 파생 상품 전담 부서입니다. 국내 은행 간 외환 시장 점유율 1위로서 Market Maker 역할을 충실히 담당해 오고 있으며, 선물환, 금리 스왑, 통화 옵션 등 파생 상품 시장을 선도하고 있습니다.

금융공학센터는 FX/FX파생팀, 금리파생팀, 주식파생팀, 마케팅팀, 스트럭처링 & FI 세일즈팀, Quant팀으로 구성되어 있으며, 각 팀에는 우수한 금융 분야의 전문 인재들이 업무를 담당하고 있습니다. FX/FX파생팀은 달러화를 포함한 다양한 통화의 외환 거래를 통해 은행 전체의 외환 포지션을 관리하고, 선물환, 옵션 등의 통화 파생 거래를 담당하고 있습니다. 금리파생팀은 이자율 스왑과 옵션 등의 금리 관련 파생 거래를 담당합니다. 주식파생팀은 ELD, ELS 등 주가 연계 상품을 운용하고, 신한은행을 포함한 다양한 금융 기관을 통해 고객에게 투자 수단을 제공합니다. 마케팅팀은 대기업, 중소기업, SOHO 고객과의 FX 및 파생 거래를 담당하는 팀으로 환율, 금리, 원자재 가격 등 고객이 직면하고 있는 재무 리스크에 대한 컨설팅 및 맞춤형 솔루션을 제공하고 있습니다. 스트럭처링 & FI 세일즈팀은 다양한 기초 자산을 기반으로 구조화된 파생 상품 솔루션을 설계 및 제공하며, 금융 기관 고객(FI)과의 거래를 담당합니다. Quant팀은 수학 및 금융공학을 전공한 석박사급 연구원으로 구성되어, 파생 상품의 공정 가격 산출, 가격 결정 모형 개발, 계량 모델을 이용한 트레이딩을 담당합니다.

총괄 / 파생 상품 가격 결정 | 홍승모 (신한은행 금융공학센터 통화 파생 딜러 / 차장)

서울대학교 자연과학대학(경영학 부전공)을 졸업하고, 외환은행, 내셔널 호주은행, 크레디리요네은행에서 외환 딜러로 근무했다. 2004년부터 신한은행 금융공학센터에서 외환 딜러, FX swap 딜러, 대기업/금융 기관 Sales 딜러를 거쳐, 현재 통화 파생 딜러로 일하고 있으며 2005년 코리아 포렉스 클럽(Korea Forex Club)에서 선정한 '올해의 외환딜러' 를 수상했다.

통화 파생 | 이수정 (신한은행 금융공학센터 금융 기관 Sales 딜러 / 주임)

연세대학교 경영학과를 졸업하고 KAIST 테크노경영대학원 경영공학 석사 학위를 받았다. 2007년 신한은행 IB사업부 신사업팀을 거쳐 금융공학센터에서 금융기관 Sales 딜러로 일하고 있다.

금리 파생 | 이정훈 (신한은행 금융공학센터 금리 옵션 딜러 / 과장)

KAIST 건설 및 환경공학과(경영공학 부전공)를 졸업했으며 KAIST 테크노경영대학원 경영공학 석사 학위를 받았다. 알티캐스트 디지털 방송 미들웨어를 개발(병역 특례)했다. 현재 신한은행 금융공학센터에서 금리 옵션 딜러로 일하고 있다.

주식 파생 | 김신영 (신한은행 금융공학센터 외환 딜러 / 대리)

고려대학교 서어서문학과를 졸업한 후, 서울 외국환 중개 업무를 담당했다. 이후 KAIST 테크노경영대학원 금융공학 MBA 학위를 받았다. 2006년부터 신한은행 금융공학센터 금융기관 Sales 딜러를 담당했고, 현재 이종 통화 딜러로 일하고 있다.

신용 파생 | 함태규 (신한은행 금융공학센터 외환 딜러 / 대리)

미국 인디애나대학교 경영학과를 졸업했으며 코넬대학교 응용통계학 석사 학위를 받았다. 2006년부터 신한은행 금융공학센터에서 외화 채권 운용, 신용 파생 Structuring 등을 담당했고 현재 원달러 딜러로 일하고 있다.

상품 파생 | 정헌재 (신한은행 금융공학센터 상품 파생 Structuring / 과장)

고려대학교 경제학과를 졸업하고 KAIST 테크노경영대학원 금융공학 MBA 학위를 받았다. 2007년 신한은행 IB사업부 신사업팀을 거쳐 금융공학센터에서 상품 파생 Structuring을 담당하고 있다.